科学丛书

生活中的科学

uchubuzai de

xue Congshu

SHENGHUOZHONG

DE KEXUE

（最新版）

本丛书编委会◎编

吕宁 王玮◎编著

广州·北京·上海·西安

科学早已渗入我们的日常生活，并无时无刻不在影响和改变着我们的生活。无论是仰望星空、俯视大地，还是近观我们周遭咫尺器物，处处都可以发现科学原理蕴于其中。

图书在版编目（CIP）数据

生活中的科学/《无处不在的科学丛书》编委会编.
广州：广东世界图书出版公司，2009.11（2024.2 重印）
（无处不在的科学丛书）
ISBN 978 - 7 - 5100 - 1277 - 8

Ⅰ．生… Ⅱ．无… Ⅲ．科学知识 – 普及读物 Ⅳ. Z228

中国版本图书馆 CIP 数据核字（2009）第 191549 号

书　　名	生活中的科学
	SHENGHUOZHONG DE KEXUE
编　　者	《无处不在的科学丛书》编委会
责任编辑	朱　霞
装帧设计	三棵树设计工作组
出版发行	世界图书出版有限公司　世界图书出版广东有限公司
地　　址	广州市海珠区新港西路大江冲 25 号
邮　　编	510300
电　　话	020–84452179
网　　址	http://www.gdst.com.cn
邮　　箱	wpc_gdst@163.com
经　　销	新华书店
印　　刷	唐山富达印务有限公司
开　　本	787mm × 1092mm　1/16
印　　张	13
字　　数	160 千字
版　　次	2009 年 11 月第 1 版　2024 年 2 月第 7 次印刷
国际书号	ISBN　978-7-5100-1277-8
定　　价	49.80 元

"光辉书房新知文库"

总策划/总主编:石　恢

副总主编:王利群　方　圆

本书作者

　王　玮　青少年教育工作者、科普作家

序：生活处处有科学

　　提起"科学"，不少人可能会认为它是科学家的专利，普通人只能"可望而不可及"。其实。科学并不高深莫测，科学早已渗入到我们的日常生活，并无时无刻不在影响和改变着我们的生活。无论是仰望星空、俯视脚下的大地，还是近观我们周遭咫尺器物，都处处可以发现有科学之原理蕴于其中。即使是一些司空见惯的现象，其中也往往蕴含深奥的科学知识。

　　科学史上的许多大发明大发现，也都是从微不足道的小现象中深发而来：牛顿从苹果落地撩起万有引力的神秘面纱；魏格纳从墙上地图揭示海陆分布的形成；阿基米德从洗澡时溢水现象中获得了研究浮力与密度问题的启发；瓦特从烧开水的水壶冒出的白雾中获得了改进蒸汽机性能的想象；而大名鼎鼎的科学家伽利略从观察吊灯的晃动，从而发现了钟摆的等时性⋯⋯

　　所以说，科学就在你我身边。一位哲人曾说："我们身边并不是缺少创新的事物，而是缺少发现可创新的眼睛"。只要我们具备了一双"慧眼"，就会发现在我们的生活中科学真是无处不在。

　　然而，在课堂上，在书本上，科学不时被一大堆公式和符号所掩盖，难免让人觉得枯燥和乏味，科学的光芒被掩盖，有趣的科学失去了它应有的魅力。

　　常言道，兴趣是最好的老师，只有培养起同学们从小的科学兴趣，才能激发他们探索未知科学世界的热忱和勇气。拨开科学光芒下的迷雾，让同学们了解身边的科学，爱上科学，我们特为此精心编写了这套"无处不在的科学"丛书。

该丛书共包括 11 个分册，它们分别是：《生活中的科学》《游戏中的科学》《成语中的科学》《故事中的科学》《魔术中的原理》《无处不在的数学》《无处不在的物理》《无处不在的化学》《不可不知的科学名著》《不可不知的科普名著》《不可不知的科幻名著》等。

在编写时，我们尽量从生活中的现象出发，通过科学的阐述，又回归于日常生活。从白炽灯、自行车、电话这些平常的事情写起，从身边非常熟悉的东西展开视角，让同学们充分认识：生活处处皆学问，现代生活处处有科技。

今天，人类已经进入了新的知识经济时代，青少年朋友是 21 世纪的栋梁，是国家的未来，民族的希望，学好科学是时代赋予他们的神圣使命。我们希望这套丛书能够激发同学们学习科学的兴趣，打消他们对科学隔阂疏离的态度，树立起正确的科学观，为学好科学，用好科学打下坚实的基础！

本丛书编委会

目 录

目录

目 录

为什么会东边日出西边雨?

目 录

车轮为何是圆的?

引　言

科学技术一直为人类社会的发展贡献着巨大的力量，无论是古老东方的四大发明，还是西方的三次科技革命，都给人类社会带来了翻天覆地的变化。如今，当我们围坐在电视机前欣赏精彩的电视节目时，乘坐便捷舒适的交通工具出门旅游时，或者只是在家中点击小小的鼠标在信息高速公路上冲浪时……无不感到科技给生活带来的好处。

然而提起科学，我们总是会联想到那些艰深晦涩的计算公式和精密复杂的实验仪器，以及高深莫测的科学家们，我们总是把科学和生活对立起来，认为科学只存在于老师课堂的讲解和一摞摞书本里。为了应付考试，在课堂上，也一般只强调对科学定义的解释、定理的证明和命题的解法上，常常忽略了从生活经验中获取科学知识的需要。

实际上，对身边发生的事或现象进行深入的思考，是学习科学知识最重要的方法。如果养成仔细思考的良好习惯，你就会发现日常所发生的各种事情或现象都有它的原因，并有着共同的规则。科学并不都是由复杂的数字或很难的计算构成的，也不是远离我们的生活而存在的。在日常生活中，我们每天体验到的就是科学。如果你对周围发生的各种现象抱着好奇心去寻找它们的起因，相信你会对科学产生浓厚的兴趣。这将成为你向科学世界迈进的第一步。

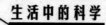

在日常生活中，我们其实既可以用科学的方法去理解周遭的事物，更可以利用生活中的素材去加强我们对于科学概念的认识，使科学知识注入生活的气息。譬如，我们熟悉其实又陌生的身体，我们赖以生存的家庭，以及人类的忠实伙伴动物和植物，等等。只要我们睁大眼睛，认真思考，就能发现科学对于平凡生活的意义。

现在就让我们一起品味生活中的科学，体验科学中的生活吧！

人为什么会起鸡皮疙瘩？

　　人体是大自然最奇妙的杰作，每一个细节都是造物主的妙笔，就连保护我们人体的天然屏障——皮肤中也隐藏着不少科学知识，比如，当它受凉时就会起像鸡皮一样的疙瘩，这一现象可以用生物学知识解释。

　　其实，人体就像一个偌大的工厂，各个复杂的器官就是工厂的工人，大脑下达命令，心脏产生动力，神经传递信息，皮肤调节温度，胃肠帮助消化……工人们密切的配合，井然有序的工作留给我们无尽的思考：指甲是如何生长的？舌头如何尝出酸甜苦辣？耳朵为何最怕冷？……现在就让我们把视角转向有关人体的一些有意思的现象上，对自身重新做一次审视与发现。在那些容易被遗忘的角落，或是再显眼不过的地方，往往隐藏着无穷的科学奥秘！

阑尾真的没用吗?

你知道吗

我们一直认为，阑尾是人类的退化器官，在漫长进化过程中不断萎缩，失去功能，并成为人体的隐患。这个"小手指"大小的末端肠腔发生炎症，即是医学上最著名的急腹症，公认的治疗方法是"阑尾切除术"，所有的外科医生都是从学习这个经典手术起步的。那么，阑尾真的没有用吗？

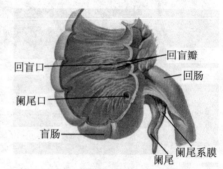

盲肠和阑尾

科学原理

阑尾长约5~7厘米，比盲肠小得多。它状似蚯蚓且突出于肠子外边。多少年来，不少人把阑尾看做是退化无用之物，加之阑尾发炎有可能置人于死地，故主张有病就割除，没病也可割除。

但是当代科学家对阑尾的看法在几年前已有变化。研究表明，阑尾本身有丰富的淋巴组织，它能分泌免疫物质，可以杀死会引起腹腔疾病的细菌，更能增强人体对癌症的抵抗力。尸体解剖发现，已被切除阑尾的人，得肠癌的几率要比没切除者高40%；得其他癌症而死的，也是被切除阑尾的人比例高。阑尾的免疫能力约在12~30岁时达到高峰，60岁以后逐渐消失。人们由此推测，老年人的癌病增多，大概与机体免疫力下降，包括阑尾功能消失有关。

延伸阅读

　　和阑尾切除手术一样普及的还有扁桃体的切除手术，扁桃体是口咽部上皮下的淋巴组织团块。扁桃体可产生淋巴细胞和抗体，故具有抗细菌抗病毒的防御功能。咽部是饮食和呼吸气的必经之路，经常接触较易隐藏病菌和异物。

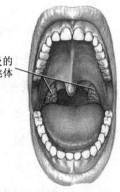

发炎的扁桃体

扁桃体

　　咽部丰富的淋巴组织和扁桃体执行着机体这一特殊区域的防御保护任务。不过此处也易遭受溶血性链球菌、葡萄球菌和肺炎球菌等病菌的侵袭而发炎。这些细菌通常就存在于人的咽部和扁桃体隐窝内。正常情况下，由于扁桃体表面上皮完整和黏液腺不断分泌，可将细菌随同脱落的上皮细胞从隐窝口排出，因此保持着机体的健康。当机体因过度疲劳、受凉等原因而使抵抗力下降，上皮防御机能减弱，腺体分泌机能降低时，扁桃体就会遭受细菌感染而发炎。若扁桃体炎反复发作并对全身产生不利影响时，可以考虑将扁桃体用手术摘除。

为什么酸痛感出现在运动后两天？

你知道吗

　　许久没有锻炼身体的小华报名参加了学校运动会的长跑比赛，并坚持跑完了全程。令他感到意外的是，他的腿在跑完后两天要比当天感觉更为酸痛，肌肉僵硬、紧绷，连上下楼梯都困难。这是什么原因呢？

科学原理

在进行锻炼结束后的过渡期当中，大多数人都会有肌肉疼痛、僵硬和不适的经历。通常，这种疼痛会在锻炼结束后立即出现并持续数小时。但是，有些时候疼痛会在 24 小时后出现并持续 2 周。这种现象被称之为"迟发性肌肉酸痛（DOMS）"。

运动后肌肉会酸痛

DOMS 是一种可以发生于所有人的常见现象，无论你体能水平如何，包括从第一次尝试体育锻炼的初学者到有经验的高级训练者。另外，这种现象会重复发生，因为目前并没有可以完全预防 DOMS 的机制。

DOMS 的发生原理是离心收缩相对于向心及等长收缩参与的运动单位较少。肌节过分拉长并引起肌动蛋白与肌凝蛋白之间非理想的交叠从而导致肌节损伤。然后，白细胞会移动到受损的肌肉纤维部分以对急性发炎作出反应并释放像组胺及前列腺素之类的化学物质并引发疼痛的感觉。另外，许多研究发现运动会使参与活动的肌肉发生局部缺血，这会产生一些疼痛的产物。如果这种物质堆积，神经末梢会受到刺激，产生的疼痛会导致反射性痉挛并延长局部缺血的情况及新一轮恶性循环。

延伸阅读

在发生了肌肉酸痛之后，我们可以采取做伸展运动、涂抹药膏、冰敷、温水浴及桑拿浴等方法减轻疼痛。

不过，以上方法都只能提供短暂的缓解，要想预防，在运动时，我们就应当注意以下几点：

1. 根据不同体质、不同健康状况科学地安排锻炼负荷，不要一味逞强；

2. 锻炼时，尽量避免长时间集中练习身体某一部位，以免局部肌肉负担过重；

3. 做好准备活动，注意对即将练习的局部肌肉动得更充分；

4. 运动后要注意进行一般性放松练习，重视肌肉的伸展牵拉练习。

肌肉酸痛多是由于肌肉损伤所引起，正如其他运动创伤一样，必须让受损的肌

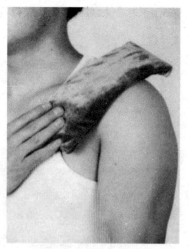

肌肉酸痛之后的冰敷

肉得到足够的时间康复。如果真的无可避免，在构成肌肉酸痛的训练课后，就只好多给予一两天的时间休息了。

另外，不要一锻炼完就冲向浴室洗澡，这很容易影响身体的血液循环，增加心脏的负担。尤其是蒸汽浴和桑拿浴，如果训练后立刻使用很容易导致头晕、恶心甚至心率衰竭。所以运动后做一些简单的放松和伸拉练习，一定要等心率在每分钟 120 次以下 5 ~ 10 分钟、身体"冷却"之后再去洗澡。

人为什么会起鸡皮疙瘩？

 你知道吗

我们的皮肤表面长着汗毛，而每一个毛孔下都有一条竖毛肌，当受到神经刺激（如生气、害怕、受凉等）后，身体的温度会下降，而竖毛肌便

会收缩而令毛发竖立起来，形成鸡皮疙瘩。有些动物也是如此，比如公鸡在打斗时会把脖子部位的羽毛竖起，既有示威的意味，也是由于紧张的缘故。

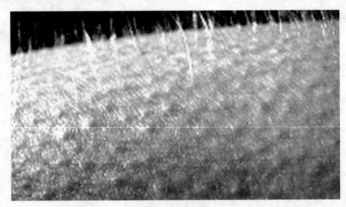

皮肤起鸡皮疙瘩

是什么原因导致这种现象的呢?

 ## 科学原理

起鸡皮疙瘩是恒温动物为保存一定体温而特有的生理现象。当大脑感知到寒冷、紧张或恐惧时，交感神经产生作用，牵动体毛的立毛筋收缩，从而导致鸡皮疙瘩出现。立毛筋位于体毛根部附近，它一收缩，平时横着的体毛就竖立起来，毛发根部周边隆起，形成像鸟类皮肤一样疙疙瘩瘩的形状。

起鸡皮疙瘩后，除了肌肉收缩产生热量外，关闭毛孔还有御寒的效果。体毛长的动物竖起体毛后，体毛之间产生的空隙有利于保温。

不过人类发明了可以御寒的衣服，毛发的御寒和保护作用渐渐降低，这种反射活动也就逐渐退化，却变成了一种本能被一代一代地继承下来。

延伸阅读

人的眼皮为什么会跳？

可能每一个人都曾有过眼皮跳的感觉，它算不上病，但确实使人难受，民间有"眼皮跳能预兆凶吉"的说法，也有"左眼跳财，右眼跳灾"之说。那么，眼皮为什么会跳？有什么方法可以防治？

从人体解剖学而言，眼皮称为"眼睑"，眼睑内有两种肌肉：一种叫做"眼轮匝肌"，形状似车轮，环绕

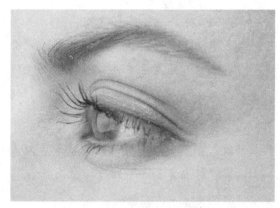

眼皮跳也能用科学知识解释

着眼睛，当它收缩时眼睑就闭合；另一种肌肉叫"提上睑肌"，它收缩时眼睑就睁开。这两种肌肉的不断收缩，放松，眼睛就能睁开和闭合。一旦受到某种因素的刺激，这两种肌肉兴奋，产生了反复的收缩，甚至痉挛或颤动，于是人们就明显地感觉到眼皮在不由自主地跳动，难以控制。这就是眼皮跳。

最常见的导致眼皮跳的原因是用眼过度，造成眼睛疲劳，或劳累、精神过度紧张等等。比如用电脑时间太长；在强光或弱光下用眼太久；考试前精神压力过大，题目做得过多等。此时，只要稍作休息，闭目养神，症状会自然消失，不必紧张或烦恼。若患者有眼睛屈光不正、近视、远视或散光，又没有配戴合适的眼镜而造成眼皮跳，则恰好是在提醒你，可以去配副适合你视力的眼镜了。

为什么在水下戴上护目镜才能看清楚?

你知道吗

夏天到了,游泳池里又热闹起来。游泳是一种有益身心健康的运动,男女老少皆宜。如果你会游泳,相信也会有这样的体验,只有戴上护目镜才能看清水下的物体。如果摘掉护目镜,在水下仅凭肉眼是很难看清周围的东西的,尤其是对于初学者,甚至都无法睁开双眼。这是怎么回事呢?

运动员游泳时都配戴泳镜

科学原理

其实,这与浸入一杯水中的筷子看起来是弯曲的是一个道理。光在水中的传播速度要比在空气中传播得慢。当光从一种介质进入另一种介质时,它会改变速度,进而改变路径,产生弯折现象。光进入新介质之后,行进速度变化越多,光线弯折的程度也越大。

为了在视网膜上形成一个清晰的像,眼睛必须折射光线。大约2/3的折射发生在眼睛的表面上。如果眼睛上有水,又因为眼睛的折射率约等于水的折射率,因此几乎不发生折射,在视网膜上呈现的物像也极不清楚,周围的一切看上去都会模糊不清。如果你戴上了护目镜,使眼睛前面有一层空气的话,这样就能产生正常的折射,这时看东西就清楚多了。

10

延伸阅读

13 世纪中期，英国学者培根看到许多人因视力不好，不能看清书上的文字，就想发明一种工具来帮助人们提高视力。为此，他想了很多办法，做了不少试验，但都没有成功。

近视眼镜

一天雨后，培根来到花园散步，看到蜘蛛网上沾了不少雨珠，他发现透过雨珠看树叶，叶脉放大了不少，连树叶上细细的毛都能看得见。他看到这个现象，高兴极了，立即跑回家中，翻箱倒柜，找到了一颗玻璃球。但透过玻璃球，看书上的文字，还是模糊不清。他又找来一块金刚石与锤子，将玻璃割出一块，拿着这块玻璃球片靠近书一看，文字果然放大了。试验成功了，培根欣喜若狂。后来他又找来一块木片，挖出一个圆洞，将玻璃球片装上去，再安上一根柄，便于手拿，这样人们阅读写字就方便多了。

这种玻璃球片后来经过不断改进，成了现在人们戴的眼镜。光矫正视力的就有青少年用的近视镜与老年人戴的老花镜，还有其他各种用途的眼镜，人们学习、工作就更方便了。

手指甲是怎样生长的？

你知道吗

指甲作为皮肤的附件之一，有着其特定的功能。它像盾牌一样保护着我们的末节指腹免受损伤，维护其稳定性，增强手指触觉的敏感性，并协助我们的手指进行抓、挟、捏、挤等动作。而爱美的女孩还喜欢美甲，在其上面画各种美丽的图案，看来指甲的功能又多了一项。

精心修剪过的指甲

指甲和头发一样，需要我们不定时地修剪，因为他们会缓慢的生长。但是你想过没有，它是如何生长的呢？

 ## 科学原理

要知道指甲的生长机理，还要从它的化学成分说起。指甲的化学成分与头发相似，主要由含硫丰富的蛋白质角质素构成，是从表皮细胞演变而来的。在每一个手指的指尖处，有一个地方叫做甲根，就是指甲的生产工厂。指甲是由一种硬角质蛋白组成的。这种蛋白是从表皮细胞演变而来的，因为表皮细胞从出生到死亡，都在不断地进行新陈代谢，所以指甲的硬角质蛋白也会不断生成，因此，指甲也不停止生长。所以，在人们剪了指甲后，指甲还能够长出来。

另外指甲的生长速度不是永恒不变的，它是受各种因素影响的，例如年龄、健康状况等。不同年龄的人，指甲的生长速度不一样。一般而言，

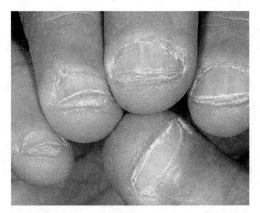

少年儿童的指甲生长速度最快，成人其次，老年人最慢，这与人的新陈代谢是有关的。此外，一个健康的人表皮细胞合成角质蛋白的能力要明显高于一个生病的人。

除了以上因素外，指甲的生长速度还跟一些习惯有关，爱咬指甲的人，或者是用手和指甲工

被咬掉的指甲

作多的人，如理发师等，他们的指甲因为受到不断的摩擦刺激，生长速度就相当快。人常喜欢用的手上的指甲要比另一只手上的指甲长得快，如果你是左撇子，你的左手指甲长得就快。而中指的指甲长得比别的手指甲快。

延伸阅读

指甲由于会缓慢生长，所以需要时常修剪，不少人认为指甲是一个"累赘"，没什么用。殊不知这小小的指甲还有药用价值呢。

据《本草衍义》记载，人指甲确实是可以入药的，它具有性味甘咸平的性质，传统中医理论中，主要用它来治疗鼻衄、尿血、扁桃体炎、中耳炎等病症。其中锡类散的主要成分有：牛黄、冰片、青黛、珍珠、象牙屑、人指甲、壁前炭；功能：解毒腐。中医的理论是如此分析的：牛黄、冰片清热解毒消肿；青黛泻热利咽，凉血止痛；珍珠、象牙屑、人指甲助青黛捕毒清热，化腐生肌；壁前炭清热解毒，凉血止痛。据说始作俑者是

张瑞符。按照原文，成分更为奇特，如下：西牛黄 0.06 克、冰片 0.09 克、珍珠 0.09 克、人指甲 0.15 克（男病用女，女病用男）、象牙屑 0.9 克（焙）、青黛 1 克（去灰脚，净）、壁钱 20 个（焙，土壁砖上者可用，木板上者不可用）。

 # 舌头为什么能尝出滋味？

你知道吗

小明前几天感冒了，很轻，只流鼻涕，嗓子疼，吃了几天喉症丸，麻麻的那种，含在舌头上，又有一次吃饭时还烫了一下舌头，这两天突然发现舌头中央含药的地方味觉没了！等到感冒好了以后，小明吃东西的时候，又能品尝出酸、甜、苦、辣、咸等不同的味道了。这究竟是怎么回事呢？

食物的酸、甜、苦、辣、咸都得靠舌头来品尝

科学原理

原来，我们每个人的舌头上都长有许多小颗粒，这些小颗粒叫"味蕾"，是专门负责检验食物味道的器官。味蕾接触到食物后会立即把这种食物的味道报告给大脑。而大脑有专门的"管味区"，管味区再指挥你的味觉神经，你就会感觉到食物的酸、甜、苦、辣、咸了。长在舌头不同部位的味蕾还有不同的分工：舌尖的味蕾喜欢尝甜味；舌两侧中部的味蕾对酸味很敏感；舌根部的味蕾最"怕苦"。

要是你生病了，味蕾也会懒得工作，所以，你会吃什么东西都感到没有味道了。除了味蕾以外，舌和口腔还有大量的触觉和温度感觉细胞，在中枢神经内，把感觉综合起来，特别是有嗅觉参与，就能产生多种多样的复合感觉。

味蕾

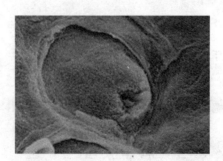

放大后的味蕾

延伸阅读

正常成年人约有一万多个味蕾，绝大多数分布在舌头背面，尤其是舌尖部分和舌侧面。口腔的腭、咽等部位也有少量的味蕾。人吃东西时，通过咀嚼及唾液的搅拌，味蕾受到不同味道物质的刺激，将信息由味神经传送到大脑味觉中枢，便产生味觉，品尝出饭菜的滋味。

随着年龄的增长，舌头上的味蕾约有 2/3 逐渐萎缩，造成角化增加，味觉功能下降；高烧、感冒、舌溃疡等疾病之后也常常口淡而无味儿。为了避免口内无味，每天应多吃点新鲜蔬菜和水果，因其中含有多种维生素和微量元素，有保护舌乳头味蕾的作用。每日口服维生素 C 可刺激舌乳头味蕾。每天做口腔运动，叩齿咽津，强身健齿，可促进唾液分泌，延缓舌乳头味蕾老化。

为什么皮肤被蚊子叮了会痒?

你知道吗

夏天到了，蚊子到处肆虐。几乎每个人都有被蚊子"咬"的经历吧，被叮后伤口处会又红又痒，很不舒服。为什么我们的皮肤被蚊子叮了会痒呢？

科学原理

蚊子

蚊子无法张口，所以它不是咬人，而是用 6 枝针状的构造刺进人的皮肤，这些短针就是蚊子摄食用口器的中心。

这些短针吸人血液的功用就像抽血用的针一样。蚊子还会放出含有抗凝血剂的唾液来防止血液凝结，这样它就能够安稳地大快朵颐一番。当蚊子吃饱喝足、飘然离去时，留下的就是一个痒痒的肿包。

蚊子正在人的皮肤上吸血

但是，痒的感觉并不是因为短针刺入或唾液里的化学物质而引起的。我们会觉得痒，是因为体内的免疫系统在这时会释出一种称为组织胺的蛋白质，用以对抗外来物质，而这个免疫反应引发了叮咬部位的过敏反应。当血液流向叮咬处以加速组织复原时，组织胺会造成叮咬处周围组织的肿胀。此种过敏反应的强度因人而异，有的人对蚊子咬的过敏反应比较严重。

只有雌蚊才会叮咬哺乳动物，因为它们每隔三四天得吸一次血，以取得制造卵子所需的蛋白质，而雄蚊则主要摄食花蜜。雌蚊利用动物的体热和生理电波变化来搜寻目标，这可能就是为什么人的脚踝和足部较常被蚊子叮的原因，因为这些部位的血管比较接近人体表面，所以释出的体热较多。

延伸阅读

蚊子的许多习性是不为人知的。它们喜欢等待，有时候在你必入的房门上一呆就是几个钟头，只要你将房门打开，它们就会迅速跟你进入房内，再伺机刺人。它们是少数不会走动的动物之一。睡在同一个床上的两个人，将会有两种被蚊子"处理"的结果，一个没有被咬一口，一个却被咬得遍体鳞伤。这种结果不是由你的卫生状况决定，而是你身体的一些特征起主要作用，比如血型，常常 O 型血更易被叮咬。

蚊子一般有办法知道这个人"睡没睡"，通常在你卧床看书时它很难叮你一口，一旦你行将入睡，它立马就飞到你的身边来咬人了。蚊子咬人的速度与温度有很大的关系，在摄氏 37 度以上时，它可以做到在 0.1 秒就将人叮咬"上口"，在摄氏 27 度以下时叮人的速度就大大降低，摄氏 17 度以下一般不再咬人。

 # 为什么有的人见到阳光会打喷嚏？

 ## 你知道吗

不管春夏秋冬，有的人只要是从阴凉的地方直接走到阳光充足的地方，就一定要打两三个喷嚏。奇怪的是，打完以后继续在阳光下行走就不再打了。如果回到阴凉处，间隔 2 个小时再见阳光还是要打。这是为什么呢？

阿 - 嚏 -

科学原理

人的鼻黏膜上有许多非常敏感的神经细胞，当刺激性气味或异物进入鼻孔时，神经细胞就会立刻把这种情况传递到大

18

脑。于是，大脑发出命令，让肺部一吸气，再使胸部肌肉猛烈收缩，然后用力从鼻孔和嘴向外喷出气体，一下子把闯进来的东西赶了出去。这就是打喷嚏。不可思议的是，当我们的视觉神经受到强烈的光线刺激时，也会打喷嚏。

打喷嚏是从鼻子和嘴里向外喷出气体，这是一个反射行为。它的发生不是人为控制的。它同咳嗽、流泪一样，是人体保护自身的一种本能。

其实，打喷嚏只不过是鼻黏膜充血引起的正常反应。当鼻黏膜受到刺激后，它就会充血并产生清而稀的黏液，这种黏液又刺激了鼻内神经，使人产生一系列吸气动作，在肺内贮存大量气体。当气体达到足够程度时，肺内的压力就会突然产生一股强大的气流冲出来，通过鼻腔将鼻涕排出去，而使已经关闭的鼻咽道路打开，这股气流的冲击声，就是打喷嚏。

而造成鼻黏膜充血的外界刺激是鼻内进入异物、冷空气的刺激、感情冲动等，在大脑皮层的控制下，而引起打喷嚏。

延伸阅读

在我国民间，对打喷嚏有许多有趣的说法。

一说打喷嚏就是有人在思念。此说有《诗经·终风》和相关的解释为证。如陈子展先生认为，这首诗采自民俗歌谣，属于男女打情骂俏一类的题材，诗云"寤言不寐，愿言则嚏"，当解为"醒来了可睡不成，我思念了就喷嚏"。在他之前，汉郑玄对此的笺注是："我其忧悼而不能寐，女（汝）思我心如是，我则嚏也。"似该译作：你也以同样的心情思念我，我就打喷嚏了。又宋苏轼《元日》诗云："晓来频嚏为何人？"既可照郑玄的笺注来理解，也可照陈子展的直译来理解。唯虽有思念或被思念的区别，但属于亲情之思则无疑。至今农村常有这样的现象：小孩打了个喷嚏，妈妈说"外婆在想你了"，接下来便计划回娘家探亲。正是以打喷嚏为有人在思念的征兆。

一说打喷嚏就是有人在背后说其坏话。宋洪迈《容斋随笔》卷四："今人喷嚏不止者，必噀唾祝云：'有人说我'，妇人尤甚。"宋马永卿《懒真子》卷三："俗说以人嚏喷为人说。"因为有人说我而要吐口水念咒语，可见这个"说我"应理解为"说我坏话（或闲话）"。元康进之《李逵负荆》杂剧中，有住在梁山泊附近的两个光棍冒充宋江、鲁智深，强抢卖酒老汉王林的女儿满堂娇，等到真相被梁山好汉揭穿并准备惩罚冒名行凶者时，光棍连打喷嚏道：打嚏耳朵热，一定有人"说"，也是以打喷嚏为有人在说我坏话或闲话的征兆。

一说打喷嚏是好事将至的吉兆。如《燕北录》记："戎主太后喷嚏，近侍臣僚齐声呼'治夔离'，犹汉人呼'万岁'也。"直到今天，有些人还保留着类似的习俗：旁人打喷嚏，他马上喝彩祝吉："好！长命百岁!"

也有说打喷嚏是坏事要来的不祥之兆的。旁人所谓"长命百岁"，不是祝吉，而是及时禳解以祷平安，意义近似洪迈笔下的"必噀唾祝"。如明刘侗、于奕正《帝京景物略》记，元旦五鼓时，人们如果睡在床上打喷嚏，就必须马上起床，否则便会患病。起床，便是一种补救措施。对这种说法，早就有人质疑：如果打喷嚏是不祥之兆，理该打喷嚏者本人及时设法补救，何以要等旁人祝祷禳解呢？所以亦有人推测，可能是古人以为闻人打喷嚏对自己有妨碍，所以必须说点什么以消灾。

为什么人在冷的时候会发抖？

你知道吗

冬天的早晨，小丽穿好衣服，背上书包，便急急忙忙去上学了。一出门，迎面吹来一阵寒冷的北风，寒意劈头盖脸地袭来。她缩了缩手，打了个寒噤，一路上她一直在想一个问题：人为什么会发抖呢？

科学原理

发抖是人体内部环境控制系统的一项功能。眼睛的后面有一块负责控制体温的微小脑组织，称为下丘脑。发抖就是下丘脑使身体保持恒温的一种方法，在身体变冷时发抖能够使身体释放出能量（与此相反，当身体变热时发抖能使人出汗）。

人在受冷时会发抖

人发烧的时候，下丘脑发出的信号会使身体进一步发热，从而试图杀死有害的病菌。身体使靠近皮肤的皮下血管收缩，同时其他血管舒张，让血液流向感染部位。血液因此远离了外部表层皮肤，这样你就会感觉到冷。为了补充热量，甲状腺就会开始收缩肌肉，从而导致发抖。

如果人受到惊吓，也可能会发抖。举例来说，当你看完夜场电影回家的时候，突然有人从小巷中走出来，你会受到惊吓。你的大脑就会向全身释放出肾上腺素，让你准备进行搏斗，或者逃离现场。不论是哪一种反应，你的身体都处于高度紧张状态。身体处于惊恐状态下的表现很像身体寒冷时的状态，你的血液从皮肤表层流走，这将使你发抖。在紧急情况下，血液从皮肤表层流走还有一个明显的好处，那就是即使你受了伤，也不会流太多的血。

延伸阅读

人为什么会打呵欠?

人在忙碌的工作、激烈的运动，或是长时间的学习过后，已消耗了大量的能量，因此也产生了许多的二氧化碳。当二氧化碳过多时，一定要再增加氧气来平衡体内所需，可是，我们的肺容量有限，所以尽管我们每一次呼吸带入了氧气，仍不能把我们体内的二氧化碳置换干净，总还是会残留一些。当时间久了，这些残留的二氧化碳，便开始影响我们身体的机能活动，让我们有一种接近窒息的感觉，此时身体就会发出保护性的反应，于是就打起呵欠来了。

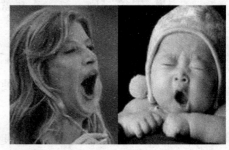

打呵欠是一种自然的生理反应

打呵欠是一种特殊的深呼吸动作，它是由内部机能反射作用而产生的。当我们打呵欠时，用力一吸，肺部就会大大扩张到超过平常时的容量，来引进大量的氧气。而接着再深深一呼气，肺部又会尽量的收缩起来，以把大量的二氧化碳排放出去，这就是打呵欠的作用了。

为什么掰指节会发出"咔嗒"声？

 你知道吗

许多人都有这样的经验：握拳时，指节忽然会发出"啪"的声音，有人甚至乐此不疲，无聊或紧张时，轮流把指节握得"咔嗒咔嗒"响；也有人只要上下楼梯，膝关节就有节奏的"嘎嘎"响；有的是脚跟一拱直就"啪"一声响；有人甚至连伸个懒腰、打个哈欠，颈背或牙关就会发出声音！

这到底是怎么回事？

 科学原理

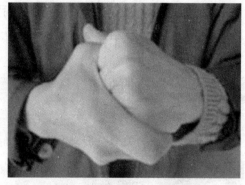

掰指节时会发出"咔嗒"的响声

掰指节或者其他关节有时会发出一种"咔嗒"声，这是怎么回事？

当揉捏或拉扯一个关节时，有时能听到一种"咔嗒"声。这是关节腔内一种起润滑作用的液体压强减小，产生气泡而发出的一种响声。这种声音还有可能是关节两端表面分开，解除了关节的真空密封而引起的。

进行整骨治疗，有时候也会听到这种响声。不过，有响声未必就表明治疗成功，同样，没有响声也不意味着治疗失败。要证明整骨复位成功，还是要关节活动范围正常和活动自如。人体所有的软组织，包括关节的囊包在内，都含有溶解的氮。当牵拉骨头，比如说用力弯曲手指，导致关节间隙出现真空时，氮气突然从液体中跑出，进入关节间隙，就会发出轻微的气泡声。

如果抓住儿童手臂把他提起来，这时进行 X 光检查，医生常常能在肩关节的软骨之间看到一小块月牙状的气体。那是强拉儿童手臂，从软组织液体中跑出，蓄积在关节间隙内的氮气。在髋关节处有时候也能看到这样的气体。

用超声波检查髋关节先天错位的婴儿，有时能够在髋关节内看到一些快速移动的小气泡。如果宝宝哭闹挣扎，把宝宝抱得过紧，多半也会出现这种现象。这些气泡在氮气重新溶解之后，就会消失。

在把指节弄响之后立即用 X 光检查手指，有可能在指节骨端之间看到一小块亮斑，那是集中在该处的千万个不透明的微小气泡形成的影像。

延伸阅读

手指和脚趾的关节被掰动时会响，而手指和脚趾的皮肤在水中浸泡的时间过长还会变皱。这是为什么呢？

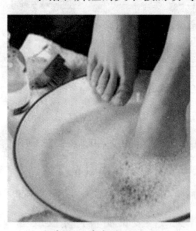

泡脚过久脚部皮肤会发皱

首先，这当然是个正常现象。水有使组织放松、软化的作用。研究表明，人的手掌和脚底的皮肤最厚，对手脚有保护作用，这就是最易起皱纹的原因所在。

我们的皮肤上其实布满着薄薄一层油脂，为的是防止皮肤直接从外界吸水。可是当我们浸泡在温水或热水中约半个小时后，这层油脂就会被温水除去了，因此皮肤就开始吸水。我们的皮肤表面是一层表皮层，而表皮下方是真皮层，表皮层与真皮层并非完全紧密地粘在一起，表皮只在某些地带由结缔组织紧紧地绑在真皮上，某些地方则没有。所以，当表皮吸了水肿起来时，绑住的地方却被局限住而呈凹陷状；从外观看起来，皮肤的表面才有凹有凸，像皱纹一样。

表皮层由坚韧的死亡细胞构成。这些细胞在显微镜下，有些像铺路石的形状。一般而言，表皮层很薄，大约只有0.01毫米，但手掌和脚底的表皮层的厚度却达到或超过0.5毫米，所以褶皱尤其明显。从理论上讲，游泳或泡澡也会导致胸腹等处的皮肤起皱，但由于这些部位几乎没有可膨胀的角质层，所以只出现一些微小的皱纹。从前有的妇女专门替人家洗衣服，双手长久泡水，手指常常是皱皱的，成为一种职业病（应该说是特征），古时候称洗衣妇为"漂母"，所以这种手指现象也叫做"漂母皮"。

Wuchubuzai De Kexue Congshu

为什么人的一生要长两副牙齿？

 你知道吗

小华和6岁的表妹琪琪在一起玩，表妹一直说牙痛，还不时用手朝嘴里抠。问了阿姨才知道，其实前两天已经发现她嘴里长出第一颗恒牙。而乳牙虽然活动了好些天但依然没有"退休"的意思，所以琪琪现在很难受。小华这才注意到，我们每个人都会经历一个换牙的时期。这是为什么呢？

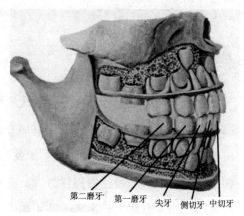

第二磨牙　第一磨牙　尖牙　侧切牙　中切牙

乳牙

科学原理

人身上的各种组织器官都只有一副，而且生下来以后不会更换。只有牙齿与众不同，一生中有两副，要进行一次"交接班"。一副叫乳牙，它们小而不耐磨，共20颗。由于在吃奶时就开始长出，所以称为乳牙。另一副是恒牙，从6岁开始渐渐接替乳牙。通常恒牙较大，而且耐磨，上下左右共28颗，也有32颗的。

乳牙和恒牙有着不完全相同的功能。乳牙除了咀嚼食物之外，还能刺激牙床骨发育，引导恒牙生长，而恒牙主要用于咀嚼食物。人的牙床骨有一个从小到大的发育过程，在幼儿期，牙床骨不大，这时候如果长出一副恒牙，将无法在牙床骨上立足。进入成年期后，牙床骨长大了，假如这时还是那些乳牙，牙床骨就填不满，难以发挥正常的咀嚼作用，所以，人要长两副牙齿。

第三磨牙
第二磨牙
第一磨牙
第二前磨牙
第一前磨牙
尖牙
侧切牙
中切牙
恒牙

延伸阅读

除了乳牙和恒牙外，还有少数人有阻生牙。阻生牙是牙齿畸形的一个原因。它可以让恒牙移位，还可以加在恒牙的中间或后面。在阻生牙没长出前，恒牙过早掉落，那么阻生牙就替换了恒牙。智齿就是阻生牙的一种，学名第三大臼齿，俗称智慧齿。立事牙，尽头牙，是口腔最靠近喉咙的牙齿，如果全部生长出来一共4颗，上下颚各两颗，一般是在16岁左右才生长出来。

相较于幼儿时期长出的乳齿与儿童时期更换的恒齿，智齿通常是在人类心智已经趋于成熟时长出，因而得名。在智齿的生长方面，个体差异很大，有的人20岁之前长，有的人四五十岁才长，有的人终生不长，这都是正常的。而且四颗智齿也不是都必然会长全，某些人的智齿可能只长1或2颗，有的智齿甚至长到一半就不再生长，这种情况称为智齿阻生。智齿的位置从门牙牙缝开始，由一侧门牙向里数牙齿数目，如果有第八颗牙，它就是智齿。

 # 淤青的颜色为什么会变化？

 ## 你知道吗

小亮踢球时，腿不小心撞到了门柱，结果腿上出现了一大块淤青。刚开始淤青是紫色的，可没过几天，居然变成了浅黄绿色。这是为什么呢？

科学原理

当人体发生挫伤时，皮下小毛细血管会破裂，泄漏出来的血液中的血红素产生了挫伤的典型红紫色。人的身体会集聚白细胞来修复损伤部位，这将导致红细胞发生崩解。这一过程中所产生的物质的颜色便发生变化。

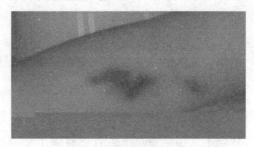

淤青的颜色会变

血红素分解的产物首先是胆绿素，它是绿色的。然后是黄色的胆红素，是浅黄色的，是由人体正常分泌的一种胆汁成分，分泌出来的胆汁本身有助于消化脂肪，它可以有效地再循环使用。再后来，挫伤部位的碎片清除，颜色消退。红细胞在发挥作用后经历相同的过程。称为巨噬细胞的白细胞在脾、肝、骨髓和其他组织内将死去的红细胞裂解。胆红素被肝摄取，在肝内被转化为胆汁而用于食物的消化。

有时，淤青要到撞伤后一段时间才会显现，因为损伤可能发生于人体深部组织。人体的皮下部分当然并不是一堆无组织的结构——它有被纤维组织分隔开来的肌肉和器官。当血液从损伤血管中漏出时，经常会因这些纤维组织，而使得血液不能马上渗透到皮肤表面，或者是要花一点时间才能通过皮下组织扩散开来。因纤维组织鞘的存在，淤青偶尔会出现在初始受伤的远隔部位——漏出的血液在此鞘下运行，直到纤维组织的末端才渗出。

延伸阅读

少量流血时为什么能自动止血?

我们在实际生活中难免会磕磕碰碰，如果是一些小伤，比如擦伤或者割伤，虽然也会流血，但只要伤口很浅就不会发生血流如注的情况，伤口很快就会自动止血。这是为什么呢?

原来，在我们的血液中住着许许多多的血小板，这些血小板虽然个子特别小，却是非常尽职的"修理工"。只要发现哪里的血管破裂了，它们就会立即奔向那里，迅速展开"抢救工作"。

血小板可以产生一种凝血物质，血浆中的纤维蛋白原在这种物质的作

28

用下，会变成许多细长的纤维。然后，好像一张大网堵住破裂的地方，血小板和纤维蛋白原一起凝固成血块，很快就会把"破洞"堵住，血液就不会再往外流了。过几天，凝固的血块会形成硬痂。再过一段时间，硬痂就会发痒、脱落。这时，伤口就好了，而且也长出了新的皮肤。

为什么耳朵最怕冷？

你知道吗

冬天的街头，我们常会发现，如果一阵冷风袭来，不少人会第一时间捂上自己的耳朵，还有不少人可能没有戴手套或者围巾，独有耳朵上戴着一个耳罩保护怕冷的耳朵。为什么相对于同样裸露在外面的器官，独独耳朵最怕冷呢？

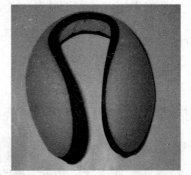

耳罩可以保护耳朵免受寒冷的侵袭

科学原理

在人体的各个部位中，就数耳朵最怕冷了，这是因为耳朵里分布着末梢毛细血管。

人体中，血液从心脏泵出后，沿着大动脉向中动脉、小动脉直至毛细血管流动，越是到毛细血管末梢里，血液越少，自然能量和热量越少。再者，耳朵虽然相对于身体其他部位体积小，但相对表面积却很大，所以热量很容易挥发。

打个比方，同样两个玻璃杯装满热水，其中一个用布裹上，只留个杯口，经过一段时间时，你会发现没用布裹住的玻璃杯里的水比裹了布的玻璃杯里的水要凉得快。耳朵也正是由于这个原因，冬天里最怕冷。而且，当身体穿上厚厚的冬衣时，耳朵却无法罩得严实。当凛冽的寒风从耳边呼呼掠

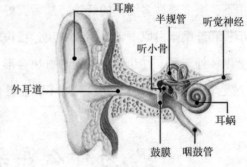

耳朵的构造

过，将耳朵的热量也带走了，耳朵自然会感到冷了。

延伸阅读

我们中国人有农历冬至这天吃饺子的风俗。据说是冬至这天吃饺子，就可以防止在接下来的三九天不至于冻掉耳朵。而这种习俗，是因纪念"医圣"张仲景冬至舍药留下的。

张仲景是南阳稂东人。他著的《伤寒杂病论》，集医家之大成，被历代医者奉为经典。张仲景有名言："进则救世，退则救民；不能为良相，亦当为良医。"东汉时他曾任长沙太守，访病施药，大堂行医。后毅然辞官回乡，为乡邻治病，其返乡之时，正是冬季。他看到白河两岸乡亲面黄肌瘦，饥寒交迫，不少人的耳朵都冻烂了，便让其弟子在南阳东关搭起医棚，

造型美观的水饺很像人的耳朵

支起大锅，在冬至那天舍"祛寒娇耳汤"医治冻疮。

他把羊肉、辣椒和一些驱寒药材放在锅里熬煮，然后将羊肉、药物捞出来切碎，用面包成耳朵样的"娇耳"。煮熟后，分给来求药的人每人两只"娇耳"，一大碗肉汤。人们吃了"娇耳"，喝了"祛寒汤"，浑身暖和，两耳发热，冻伤的耳朵都治好了。后人学着"娇耳"的样子，包成食物，也叫"饺子"或"扁食"。

冬至吃饺子，是不忘"医圣"张仲景"祛寒娇耳汤"之恩。至今南阳仍有"冬至不端饺子碗，冻掉耳朵没人管"的民谣。

为什么说脑子越用越好使？

你知道吗

现代人越来越注重生活品质，崇尚健康的生活方式，不仅要注意饮食健康，还要多锻炼身体。俗话说"生命在于运动"，人们一般都把"运动"理解为身体的运动，其实，还应把大脑的运动包括在内。这也就是人们常说的"脑子越用越好使"。真的是这样吗？

科学原理

科学家研究证明，人的大脑皮层大约有 140 亿个神经细胞，神经细胞也叫"神经元"。有人计算过，人经常运用的脑神经细胞只不过 10 亿多个，还有 80%～90% 的脑神经细胞没动用。勤于用脑的人，脑血管经常处于舒展的状态，脑神经细胞会得到很好的保养，从而使大脑更加发达，避免了大脑的早衰。相反，懒于动脑的人，由于大脑受到信息刺激少，容易引起早衰。

科学家观察了一定数量的 20～70 岁的人，发现长期从事脑力劳动的人，到了 60 岁时仍能保持敏捷的思维能力。而在那些终日无所事事、得过且过的懒人当中，大脑早衰者的比例大大高于前者。

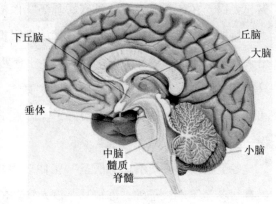

大脑的构造

延伸阅读

大脑的奇妙事

人类区别于动物的很重要的一点就是他有一个高度发达的大脑，直到今天，科学家也没有完全搞清楚其中的奥妙。下面让我们看看关于大脑有哪些我们不知道的秘密吧。

1. 两根香蕉可支撑大脑一天

据研究，大脑一天之内消耗的能量比一台冰箱内的灯光消耗得还要少，两根大香蕉就可以提供。令人惊奇的是，即便如此，大脑却显得非常高效。大脑的重量仅占体重的 3%，但它所消耗的能量却占到了人体能耗总量的 1/6。对于大脑来说，绝大多数能量都被用于维护日常运转，而冥思苦想所消耗的能量几乎可以忽略不计。

2. 频繁倒时差会损坏记忆

经常性倒时差会给大脑的健康带来危害。如果一个人经常横渡许多时区，他的大脑将会受到损害并带来记忆方面的问题。其罪魁祸首可能是大

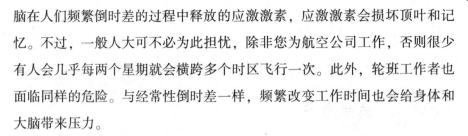

脑在人们频繁倒时差的过程中释放的应激激素，应激激素会损坏顶叶和记忆。不过，一般人大可不必为此担忧，除非您为航空公司工作，否则很少有人会几乎每两个星期就会横跨多个时区飞行一次。此外，轮班工作者也面临同样的危险。与经常性倒时差一样，频繁改变工作时间也会给身体和大脑带来压力。

3. 大脑难辨噪音中的来电

在一个喧闹的环境中打手机是相当困难的。当在一个嘈杂的屋子里打手机时，噪音会进入话筒并通过手机电路与对方的声音混合在一起，这样，大脑的负担就增加了。由于这些声音相似并混合在一起，大脑很难将它们分辨出来，此时，如果将话筒捂住，效果就会好很多。

拔火罐是怎么回事？

 你知道吗

众所周知，"拔火罐"是中医的一种治疗方法，他可以帮助人们治疗身体上的一些病痛。具体做法是：在一个玻璃球形瓶子内放入点燃的酒精棉球，待酒精棉球燃烧一会儿后，不等火熄灭，马上将瓶子倒扣在患处，瓶子会立即"粘"在皮肤上，同时瓶内的酒精棉球也会熄灭，而被罩在瓶内的皮肤也会隆起来一些。患者也能感受到，在罐口处

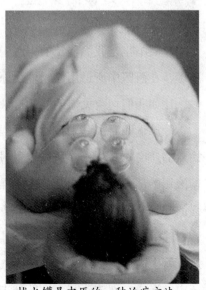

拔火罐是中医的一种治疗方法

有一股向上拔的"劲"，就是这股"劲"促进机体的新陈代谢，达到一定的治疗目的。

那这种古老的中医治疗方法运用了什么科学原理呢？

科学原理

这是因为原来瓶里的空气，有一部分因酒精点燃受热膨胀后跑掉了，瓶子扣在皮肤上以后，里边空气很快凉下来，瓶里空气的压强小于外面空气的压强，在里外压力差的作用下，罐口就好像被一只无形的手按住一样，掉不下来了。

拔火罐的医疗方法在我国已有悠久的历史，大约在公元四世纪就开始使用了。这说明在一千五百多年前，我们的祖先就已知道气体热胀冷缩的现象，并且利用了它。

延伸阅读

其实不止是我们传统的中医中蕴含物理原理，在西医中所运用的物理学原理恐怕更多，比如我们司空见惯的静脉输液。

静脉输液时，要求在输液过程中，保持滴点的速度几乎不变。通过观察封闭式静脉输液用的部分装置，结合气体压强、液体压强的知识，我们不难说明其科学原理。

输液时，医生先将输液瓶倒挂，然后将通气管上的通气针插入，这时通气管与输液瓶内部连通，液体药剂有一部分进入通气管

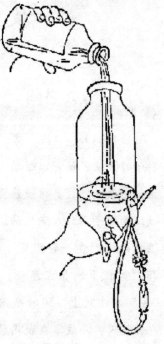

静脉输液

内。但我们注意到进入的量并不多，通气管内的液面远比输液瓶内的液面要低。接着医生就把点滴玻璃管和输液管连好，然后将输液管通过针头与输液瓶内部相连。调节橡皮管上的夹子，液体药剂就开始均匀地一滴一滴在点滴玻璃管内下落了。

首先，当插入通气管后，为什么通气管内的液面远低于输液瓶内的液面。由于液体药剂瓶内的空气是密闭的。当通气管和输液瓶内接通时，部分液体药剂已进入通气管，这样药剂瓶内部的液面就有所下降，瓶内空气的体积就会增大，压强就要减小。正是由于瓶内空气压强减小，小于外界大气压，所以导致了通气管内的液面与输液瓶内液面之间出现了高度差。

其次，我们知道，液体压强是随深度增加而增大的。液体越深，压强越大，这样液流速度就越快。在输液开始后，输液瓶内的液面持续下降，瓶内空气压强减小，因而通气管内的液体由于受到外界稳定的大气压强的作用，很快被压回到液体药剂瓶内。

当通气管（包括针头）内没有了药剂后，其针头顶端开口处的小液片就刚好在上下都是一个大气压强的作用下平衡。小液片的上部受到向下的压强是瓶内空气压强以及液体药剂产生的压强。小液片的下部受到向上的压强是外界大气压强。当瓶内液面继续下降而导致瓶内空气压强略有下降时，小液片就不再平衡，它让开一个"缺口"，气泡就冒上了瓶内空气之中。瓶内空气量增多，压强就稍有增大，通气管针头顶端开口处的小液片又在上下都是一个压强的作用下重新平衡。

这样，在整个输液过程中，通气管针头顶端开口处的小液片受到的向下的压强基本保持在一个大气压强的水平，不会因瓶内液面的下降而变化。由于通气管针头顶端所处水平面液体的压强基本保持不变，因而在它下面一定距离的点滴玻璃管上端口液体的压强也基本保持不变。这样，就对稳定滴点速度起到了积极作用。

心脏跳动时为什么有声音？

你知道吗

如果把医生用的听诊器放在心脏上，就可以清楚听到"扑通"的声音。如果刚做完剧烈运动，心脏就会跳动得更快，发出的声音也更大声。你知道这些声音是从哪里发出来的吗？

科学原理

在心脏的剖面图上，可以看到心脏分为左右两半。

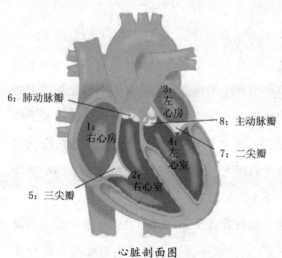

6：肺动脉瓣
3：左心房
8：主动脉瓣
1：右心房
4：左心室
7：二尖瓣
2：右心室
5：三尖瓣

心脏剖面图

左半边接受含氧气比较多的新鲜血液，右半边接受含二氧化碳比较多的血液。每半边的心脏又各分为上下两个小室。在右心房和右心室之间，有一个瓣膜叫做"三尖瓣"；左心房和左心室之间的叫"二尖瓣"。每次心脏跳动的时候，左心房和右心房就充满血液，此时，半月膜就会关闭，防止动脉的血流回心脏。然后心房和心室之间的瓣膜打开，心房就会收缩，让血液流入心室。接着，心室和心房收缩，使得心房和心室之间的瓣膜关闭，心脏和动脉之间的半月膜打开，血液就离开心脏，进入动脉中。

当心房和心室之间的瓣膜关闭时，会发出"通"的声音，而半月膜关闭时，则会发出"扑"的声响，这就是通过听诊器听到心脏跳动的声音。

延伸阅读

作为一种简单的医疗器械，听诊器的作用不可忽视。世界上第一个听诊器的发明距今已有一百多年的历史，它的发明过程是一段精彩的故事。

19世纪的某一天，一辆急驶而来的马车在法国巴黎一所豪华府第门前停下，车上走下了著名医生雷内克，他被请来给这家的贵族小姐诊病。面容憔悴的小姐，坐在长靠椅上，紧皱着双眉，手捂胸口，看起来病得不轻。等小姐捂着胸口诉说病情后，雷内克医生怀疑她染上了心脏病。

若要使诊断正确，最好是听听心音。早在古希腊的《希波克拉底文集》中，就已记载了医生用耳贴近病人胸廓诊察

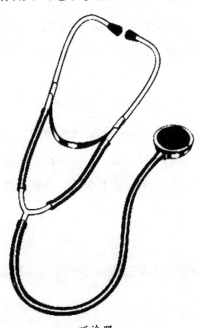

听诊器

心肺声音的诊断方法。但是，当时的医生都是隔着一条毛巾用耳朵直接贴在病人身体的适当部位来诊断疾病，而这种方法明显不适于年轻的贵族小姐。雷内克医生在客厅一边踱步，一边想着能不能用新的方法。

走着走着，雷内克医生的脑海内突然浮现出前几天见到的一件事。那是在巴黎的一条街道旁边，几个孩子在木料堆上玩儿。其中有个孩子用一

颗大钉敲击一根木料的一端，他叫其他孩子用耳朵贴在木料的另一端来听那有趣的声音。雷内克医生路过这里，兴致勃勃地走过去问："孩子们，让我也来听听这声音行吗？"孩子们愉快地答应了。他把耳朵贴着木料的一端，认真地听孩子们用铁钉敲击木料的声音。"听到了吗？先生。""听到了，听到了！"

想起这件事，正在为贵族小姐诊病的雷内克医生灵机一动，马上找来一张厚纸，将纸紧紧地卷成一个圆筒，一头按在小姐心脏的部位，另一头贴在自己的耳朵上。果然，小姐心脏跳动的声音连其中轻微的杂音都被他听得一清二楚。他高兴极了，告诉小姐的病情已经确诊，并且一会儿可以开好药方。

雷内克医生回家后，马上找人专门制作一根空心木管，长30厘米，口径0.5厘米，为了便于携带，从中剖分为两段，有螺纹可以旋转连接，这就是历史上第一个听诊器，它是一种中空的直管，与现在产科用来听胎儿心音的单耳式木制听诊器很相似。因为这种听诊器样子像笛子，所以被称为"医生的笛子"。而雷奈克将之命名为听诊器。

02

为什么要用卤水点豆腐?

有一句歇后语说的好:卤水点豆腐,一物降一物。意思是说卤水能让液体状的豆浆变成块状的豆腐,比喻物体相克。豆腐不仅营养丰富,而且十分美味,是我们中国人的传统美食,那当我们享用用豆腐制成的佳肴时,有没有想过豆腐为何要用卤水来点呢? 用其他的东西不可以吗? 应用化学知识就可以轻松解答这个问题了。

只要留心观察,在我们的家里处处可以发现科学的身影:微波炉如何加热食物,切洋葱为何会流泪,防盗门上的猫眼如何防盗,生鸡蛋如何从液体变成美味的固体摊鸡蛋……就请跟随我们的步伐让科学走进家庭为我们答疑解惑吧!

为什么饼干放久了会变软,
而面包则会变硬?

你知道吗

爱吃饼干和面包的同学也许会注意到,把开封的饼干敞开放一夜,到第二天早上就会变软,但是把吃剩的面包隔夜,第二天就会发现面包变得硬邦邦的,简直可以当武器将人打晕了。

面包   饼干

饼干和面包都是用面粉制作的,差别为何这么大呢?

科学原理

原来,并不是面粉在作怪,而是它们中间含有的其他成分。

饼干包含的盐和糖要比面包多很多,在饼干内分散的糖和盐的微粒都能吸潮,会不停地吸收空气中的水分,这将使得饼干内的渗透压变得非常高。饼干的结构比较细密,这也有助于毛细管现象吸潮。而面包中几乎不含盐和糖，而且结构疏松。面包中的面粉，不管环境是否潮湿，都不会吸收水分，反而要蒸发水分，从而变硬。

我们可以拿许多不同品种的饼干做一个实验，从最甜和最致密的饼干到不甜的和疏松发泡的饼干，都敞开搁置一夜。第二天早上你会发现，这个变软的程度一定是随饼干的密度和含糖含盐量的增大而增大。

延伸阅读

饼干是我们从小就吃的零食，你恐怕想不到，它的历史十分悠久，考古学家在公元前4000年左右古代埃及的古坟中发现了它的雏形。

不过，真正成型的饼干，则要追溯到公元7世纪的波斯，当时制糖技术刚刚开发出来，并因为饼干而被广泛使用。一直到了公元10世纪左右，随着穆斯林对西班牙的征服，饼干传到了欧洲，并从此在各个基督教国家之中流传。到了公元14世纪，饼干已经成了全欧洲人最喜欢的点心，从皇室的厨房到平民居住的大街，都弥漫着饼干的香味。

现代饼干产业是由19世纪时因发达的航海技术进出于世界各国的

曲奇

英国开始的。在长期的航海中，面包因含有较高的水分不适合作为储备粮食，所以发明了一种含水量很低的面包——饼干。

"饼干"意为"烤过两次的面包"，即从法语的bis（再来一次）和cuit（烤）中由来的，是用面粉和水或牛奶不放酵母而烤出来的。作为旅行、航海、登山时的储存食品，特别是在战争时期用于军人们的备用食品

苏打饼干

是非常方便实用的。

初期饼干的产业是从上述所说的长期的航海或战争中的紧急食品的概念开始，以手工形态传播。产业革命以后因机械技术的发达，饼干的制作设备及技术迅速发展，扩散到全世界各地。

 ## 微波炉如何加热食物？

 ### 你知道吗

利用微波炉中的微波来烹调食物，现在已经很普及。由于微波烹调具有加热快、节能、不污染环境、保鲜度好等优点，因此微波炉很快就走进了千家万户。那我们在享受微波炉的便捷的时候，有没有想过他的加热原理呢？

 ### 科学原理

微波炉

其实，我们利用微波炉加热或者烹制食物要用到物理学原理。

微波烹调的基础是微波对介质加热。根据物理理论，介质分子可分为有极分子和无极分子两大类。有极分子的正、负电荷的中心不重合，其间有一段距离，可等效为一个电偶极子（如水）。在外电场的作用下，使原来杂乱无章的有极分子沿着外电场的方向转向，产生转向极化（无极分子的正、负电荷中心重合，在外电场的作用下使分子中的正负电荷中心沿电场方向只产生位移极化）。如果外电场是交变的，那么有极分子的转向也要随电场的变化而不断改变方向。

在这个过程中，由于分子间的相互碰撞，将使电能转化为分子的动能，然后再转化为热能，使物体的温度升高。由此可见，对于有极分子组成的物体（如被烹调的食物），交变电场就容易对它进行加热。

微波是一种频率极高的电磁波，照射在理想导电金属表面上将被全反射，照射在介质表面则有一小部分被反射，而大部分能穿透到介质内部，并在内部逐渐被介质吸收而转变为热能，其穿透深度主要决定于介质的介电常数和电磁波的频率。在微波频率下对一般物体其穿透深度可达几厘米。

微波对生物体还有一种生物效应，在一定条件下对细胞、细菌具有抑制和杀伤作用。

由此可见，微波加热与通常的加热方式不一样。通常的加热方式是要有一个高温热源，通过辐射和传导，先使物体的表面加热，然后再由传导和对流在物体内部逐渐向其纵深加热，这样加热速度很慢。而微波炉加热是用磁控管（在炉内顶部）产生微波，然后将微波照射到六面都用金属组成的空箱（又叫谐振腔）中，食物放在箱中，微波在箱壁上被来回反射，同时从各个方向穿到被烹调的食物中去，对食物进行加热，箱壁不吸收微波，只有箱中的容器和食物被加热，因此效率高、速度快。由于加热速度快，因此对食物营养的破坏很少（即保鲜度好）。

延伸阅读

微波炉的发明者是美国的斯本塞。斯本塞于 1921 年生于美国亚特兰大城。1939 年，他参加了海军，半年后因伤而退役，进入美国潜艇信号公司

Wuchubuzai De Kexue Congshu

斯本塞

工作,开始接触各类电器,稍后又进入专门制造电子管的雷声公司。由于工作出色,1940年,他由检验员晋升为新型电子管生产技术负责人。

天才加勤奋的结果,他先后完成了一系列重大发明,令许多老科学家刮目相看。当时,英国科学家们正在积极从事军用雷达微波能源的研究工作。伯明翰大学两位教授设计出一种能够高效产生大功率微波能的磁控管。但当时英德处于决战阶段,德国飞机对英伦三岛狂轰滥炸。因此,这种新产品无法在国内生产,只好寻求与美国合作。

1940年9月,英国科学家带着磁控管样品访问美国雷声公司时,与才华横溢的斯本塞一见如故,相见恨晚。在斯本塞的努力下,英国科学家和雷声公司共同研究制造的磁控管获得成功。在一个偶然的机会,斯本塞萌生了发明微波炉的念头。1945年,他观察到微波能使周围的物体发热。有一次,他走过一个微波发射器时,身体有热感,不久他发现装在口袋内的糖果被微波溶化。还有一次,他把一袋玉米粒放在波导喇叭口前,然后观察玉米粒的变化。他发现玉米粒与放在火堆前一样。第二天,他又将一个鸡蛋放在喇叭口前,结果鸡蛋受热突然爆炸,溅了他一身。这更坚定了他的微波能使物体发热的论点。

雷声公司受斯本塞实验的启发,决定与他一同研制能用微波热量烹饪的炉子。几个星期后,一台简易的炉子制成了。斯本塞用姜饼做试验。他先把姜饼切成片,然后放在炉内烹饪。在烹饪时他屡次变化磁控管的功率以选择最适宜的温度。经过若干次试验,食品的香味飘满了整个房间。1947 年，雷声公司推出了第一台家用微波炉。可是这种微波炉成本太高，寿命太短，从而影响了微波炉的推广。1965 年，乔治·福斯特对微波炉进行大胆改造，与斯本塞一起设计了一种耐用且价格低廉的微波炉。1967 年，微波炉新闻发布会兼展销会在芝加哥举行，获得了巨大成功。

从此，微波炉逐渐走入了千家万户。由于用微波烹饪食物又快又方便，不仅味美，而且有特色，因此有人诙谐地称之为"妇女的解放者"。

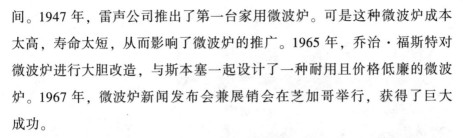

为什么切洋葱时眼睛会流泪?

你知道吗

星期天，妈妈在厨房里切洋葱，切了一会她就不切了，还用手不停地擦眼睛。小明说："妈妈，你怎么不切了?"她说："不切了，太辣眼睛了，都流眼泪了。"他急忙凑过去，想看个究竟，哎呀，他的眼睛也被洋葱辣得睁不开了。这是为什么呢?

洋葱

科学原理

切洋葱时，把洋葱细胞切破，它会释放出一种可生成 propanethial sulfoxide 气体的酶。这种气体与眼睛接触后，迅速与眼泪发生反应，产生浓度适中的硫黄酸。这种酸对眼睛产生刺激，促使大脑给眼睛里的泪腺发出信号，命令它们生成更多液体，把硫黄酸冲出来。

你切碎的洋葱越多，生成的刺激性气体也就越多，因此你流出的眼泪也就会更多。洋葱的化学反应是一个抵制有

切洋葱时要尽量晚切根部

害物质的防卫机制，是通过进化产生的。所以，切洋葱前先把它放入冰箱冷冻一会，会把它的刺激作用降到最小，减少流泪。而且这种酶主要集中在洋葱根部，因此尽量晚切洋葱这个部位，能有效减缓和减少流泪。

 延伸阅读

洋葱味道鲜美、营养价值高，可是常令切洋葱的人眼泪狂流，所以很多人有"能不吃就不吃了"的思想，实在可惜。洋葱以肥大的肉质鳞茎为食用器官，营养丰富。据测定，每100克鲜洋葱头含水分88克左右，蛋白质1~1.8克，脂肪0.3~0.5克，碳水化合物5~8克，粗纤维0.5克，热量130千焦，钙12毫克，磷46毫克，铁0.6毫克，维生素C 14毫克，尼克酸0.5毫克，核黄素0.05毫克，硫胺素0.08毫克，胡萝卜素1.2毫克，还含有咖啡酸、芥子酸、桂皮酸、柠檬酸盐、多糖和多种氨基酸。挥发油中富含蒜素、硫醇、三硫化物等。花蕾、花粉、花药等均含胡萝卜素。在国外它被誉为"菜中皇后"。

为什么跳跳糖会跳？

 ## 你知道吗

我们得承认"跳跳糖"确实是一种技术糖果，自然界中没有东西会像跳跳糖这样跳！对有些人来说，跳跳糖是一种超酷的糖果，但对另一些人来说，跳跳糖简直不可思议，他们永远都不会碰它。那么到底跳跳糖的工作原理是什么呢？

巧克力口味的跳跳糖

 ## 科学原理

首先，先看一下硬糖块的制作过程。硬糖块是由白糖、玉米糖浆、水和调味料制成的。把这些东西混合起来，先使糖融化，然后把混合物中的水分全部煮干。接着继续升高温度，这样就可以制作出纯的糖浆，当糖浆变凉之后就变成了硬块糖。

而在制作跳跳糖时，要在热的糖浆里加入高压的二氧化碳气体。二氧化碳气体会在糖里形成细小的高压气泡。在糖块冷却之后释放压力，糖块会碎裂，但碎片中仍含有高压气泡，通过放大镜你就可以看到它们。

接下来，奇妙的事情发生了，当你把跳跳糖放入口中时，它会融化（像硬糖一样）并释放出气泡，同时伴随着"噼里啪啦"的响声。你的听觉和感觉其实就是从每个气泡里释放出来的压力约为 48 千克/平方厘米的二氧化碳气体所造成的。

延伸阅读

有人曾经做过实验：他们把跳跳糖放入水中，观察到在它的表面有连续不断的气泡冒出，正是这些气泡使人有"跳"的感觉，当然，这也许只是一个方面的原因。接下来，又做了另一个实验：将少许不加色素的跳跳糖放入澄清石灰水中，过一会儿，发现澄清石灰水变浑浊，而二氧化碳能使澄清石灰水变浑浊。综合上述现象，可以推断：跳跳糖里存在二氧化碳，当它遇水时，外面的糖溶解，里面的二氧化碳冒出，就产生"跳"的感觉。

跳跳糖给无数人的
童年带来快乐

跳跳糖是在糖里加入了压缩的二氧化碳（也许加别的对人体不好），由于外边的糖化掉了，二氧化碳冲出，才会"跳"的。因为跳跳糖在热处不跳，而在水里会跳，并且把糖压碎会听到同样的"噼啪声"，在灯下会看到糖中的气泡。据美国科学家研究：那是跳跳糖分子所具有的分子结构决定的；还有辣椒和它的分子结构有相似之处，在显微镜下观察，结构呈刺状。

为什么保鲜膜不能
紧贴在金属碗上?

Wuchubuzai De Kexue Congshu

你知道吗

　　保鲜膜、保鲜袋是人们常用的一类保鲜食品的塑料包装制品，现在有很多家庭都离不开它们。保鲜膜轻轻一撕，保住食物的美味，为食物保鲜带来极大的便利。可你知道为什么保鲜膜可以紧贴在光滑的玻璃碗或者瓷碗上，却不能紧贴在金属碗上吗?

科学原理

保鲜膜

　　保鲜膜又叫自粘膜或者食品薄膜，它之所以能够紧贴在光滑表面上，是因为在把它从卷轴上揭下来时它上面带上了电荷。保鲜膜能够紧贴在绝缘物体上，道理与一张不带电荷的纸片能够贴附在计算机或电视机的显示屏玻璃表面上的道理是一样的。

　　保鲜膜能够贴附在物体上，是因为保鲜膜和它所贴附的物体两者之间具有一定的电势差。只有在被贴附的物体是绝缘体的场合才可能有这种电势差。如果被贴附的物体是金属，保鲜膜上的电荷会立即消散在整个金属物体上，自然就不会有这种效应。

　　早先生产的保鲜膜，从卷轴上揭下来，无论把它贴在绝缘体还是金属上，都贴不牢。这是因为揭下来的保鲜膜不久就失去了电荷的缘故。

保鲜膜在从卷轴上揭下来时带有静电。揭下一块保鲜膜，把它靠近你的脸颊，你能够感觉到脸上的汗毛竖了起来，这就证明保鲜膜上确实带有静电。金属能够使静电流失，而玻璃（或塑料）能够把静电保留在它的表面。静电越多，保鲜膜就贴附得越牢。

延伸阅读

微波炉食物加热会用保鲜膜，在冰箱里存放食物同样会用保鲜膜，人们似乎觉得用了它食品就安全、可靠了。但是，有的时候这保鲜膜、保鲜袋本身就很难让人放心，更何况是用它包裹的食品呢？

目前市场上出售的绝大部分保鲜膜和常用的塑料袋一样，都是以乙烯母料为原材料。根据乙烯母料的不同种类，保鲜膜可分为三大类。

第一种是聚乙烯，简称 PE，这种材料主要用于食品的包装，我们平常买回来的水果、蔬菜用的这个膜，包括在超市采购回来的半成品用的都是这种材料。

第二种是聚氯乙烯，简称 PVC，这种材料也可以用于食品包装，但它对人体的安全性有一定的影响。

第三种是聚偏二氯乙烯，简称 PVDC，主要用于一些熟食、火腿等食品的包装。

这三种保鲜膜中，PE 和 PVDC 这两种材料的保鲜膜对人体是安全的，可以放心使用，而 PVC 保鲜膜含有致癌物质，对人体危害较大。因此，在选购保鲜膜时，应选用 PE 保鲜膜为好。

从物理角度出发，保鲜膜都有适度的透氧性和透湿度，调节被保鲜品周围的氧气含量和水分含量，阻隔空气中的灰尘，从而延长食品的保鲜期。因此，不同食品选用不同的保鲜膜是必要的。

现在市场上的保鲜膜大体分为两类，一类是普通保鲜膜，适用于冰箱保鲜；一类是微波炉保鲜膜，既可用于冰箱保鲜，也可用于微波炉。后一类保鲜膜在耐热、无毒性等方面远远优于普通保鲜膜。因此，我们在使用选择上要特别注意，分项使用。

 # 为什么要用卤水点豆腐？

 ## 你知道吗

豆腐的蛋白质含量丰富，而且豆腐蛋白属完全蛋白，不仅含有人体必需的八种氨基酸，而且比例也接近人体需要，营养价值较高，是中国人喜闻乐见的食品。也许有不少同学知道豆腐的制作工艺：将泡好的大豆磨成豆浆，然后把卤水点进豆浆里，做成豆腐脑，再用布包起来，压出一部分水，做成豆腐。

那么你有没有想过就是这看似简单的卤水点豆腐中也包含着科学知识呢？为什么卤水就能将液体状的豆浆变成凝固的块状的豆腐呢？

营养丰富的豆腐

科学原理

豆腐的原料是大豆，它的主要成分是蛋白质和脂肪。大豆加水磨成豆浆，实际上是由蛋白质和脂肪组成的悬浮在水里的胶体颗粒。这些颗粒都带有相同的阴电荷，根据同性相斥的原理，这些胶体颗粒相互排斥，在一般情况下，它们不容易聚集在一起。卤水，又叫盐卤，它的主要化学成分是氯化镁（$MgCl_2 \cdot 6H_2O$）。氯化镁是一种电解质，在水里能电离生成带正电荷的 Mg^{2+} 和带负电荷的 Cl^-，而 Mg^{2+} 跟豆浆中带负荷的胶体粒子发生了电中和，从而使胶体的微粒聚集，蛋白质和水等物质一起凝聚成一种凝胶，即豆腐脑，如果再用布包起来，压出一部分水分，即成豆腐。

盐卤

有的地方也有用石膏点豆腐的，石膏的化学成分硫酸钙（$CaSO_4 \cdot 2H_2O$），它与卤水相同，也有凝固蛋白质的作用。

延伸阅读

卤水的学名为盐卤，用卤盐水熬盐后，剩下的黑色液体即为盐卤。它是氯化镁、硫酸镁和氯化钠的混合物，这也是它能要人命的原因。吃豆腐没事是因为点豆腐是化学变化，使豆腐内的盐卤含量非常低。卤水本身是有毒，因为它是氯化镁、氯化钠和硫酸镁的混合物。但是在点豆腐的过程中，其中的氯元素将豆浆中的钙离子置换出来，其卤水本身已经不再是卤水了，也就无毒了。当然化学变化有个量的问题，一方多了会过剩，如果卤水加多了确实会因为反应不完全而使豆腐有毒。但是加多了卤水的豆腐就成黑的了，傻子也不会吃的，你看到的白的豆腐肯定是卤水完全反应掉了的。

为什么煤气燃烧的火苗是蓝色的？

你知道吗

用煤气做饭炒菜的时候，我们会发现煤气燃烧发出的是蓝色的火焰，而木柴燃烧的火苗就不是蓝色的，而是红色的。为什么同样是火焰，颜色还会有差别呢？

科学原理

温度不同，火的颜色也不一样，通常情况下，火的颜色和温度有如下关系：暗红色：600 ℃左右；深红色：700 ℃左右；橘红

煤气燃烧产生的火苗是蓝色的

色：1 000 ℃左右；纯橘色：1 100 ℃左右；金橘色：1 200 ℃左右；金黄色：1 300 ℃左右；金白色：1 400 ℃左右；纯白色：1 500 ℃左右；白蓝色：1 500 ℃以上。人们经常说的"炉火纯青"，就是形容炉火的温度高，当炉火的温度超过 2 000 ℃时，火的颜色就是青色的。而火焰又可以分为外焰和内焰两种，外焰是指火焰外面的那层，这一层能接触到大量的氧气，可以充分地燃烧，所以外焰的温度比内焰高。木柴燃烧的温度比煤气低，所以发出的光接近红色，而煤气外焰的温度很高，所以发出的光接近蓝色。

延伸阅读

在历史上，最早研制燃气灶的是法国人菲利普·鲁本，他在 1799 年 9 月 21 日获得了用煤气照明和取暖两用装置的专利权。第二年，鲁本在巴黎的一家饭店里，自己花钱装置这种设备。由于当时鲁本研制的燃气灶会发出难闻的臭味，所以在开始的时候并不受人欢迎，没能得到推广。尽管如此，他仍以极大的热情继续研究和改进这种装置。1804 年，在拿破仑举行加冕礼的那天，鲁本在巴黎的一条街上被人杀害，燃气灶的研制工作中断了。

而世界上第一个供厨房用炒菜的燃气灶具是由英国北安普敦瓦斯公司的副经理詹姆斯·夏夫在 1826 年发明的。他将自己发明的燃气灶装在自己家的厨房里，用来烤肉做菜。这是一种立式炉灶，由吊在天花板上用来挂肉的钩子和下面的圆圈形火口组成，没有放锅的炉台。

最早购买燃气灶的是法国利明顿的巴士旅店。1834 年，巴士旅店用燃气灶给 100 人做晚饭，不但饭菜味道可口，而且没有一点煤气的臭味，是十分理想的炉灶。

燃气灶如今已走入千家万户

1836 年夏天，在英国北安普敦开办了一家有 35 名工人的工厂，专门生产燃气灶。

1852 年，像现在使用的将煤气燃烧装置与炉台合二为一的炉具开始出售。

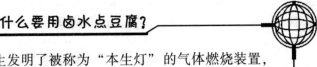

1855 年，德国化学家本生发明了被称为"本生灯"的气体燃烧装置，这是一种装氧气与可燃性气体混合燃烧而产生高温的装置。在"本生灯"出现之后不到一年，英国的霍丁顿·安东·史密斯公司发明了世界上第一具用气体燃料的家用取暖装置。

1915 年，开始出现有恒温器控制的燃气灶。后来，燃气灶的逐渐普及及煤气的源源供应，便形成了今天的燃气灶。

水落油锅为什么会爆炸？

你知道吗

炒菜的时候，如果不慎将水溅入热油锅，马上会产生"劈劈啪啪"的一阵爆炸声。如果油花溅在皮肤上，还会烫起小泡，很疼。水落在热油锅里，为什么会爆炸呢？

科学原理

这要从水受热后的变化说起：水加热到 100 ℃，就达到了沸点，这时它从原来的液体状态变成气体状态，成了水蒸气。当一滴水落进了热油锅里，由于油的沸点一般都在 200 ℃以上，加热后的油即使没有达到沸点，也早已超过了 100 ℃，所以，水滴的温度立刻升到沸点，变成水蒸气。水变成水蒸气后，它的体积

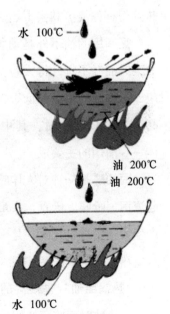

水落油锅的示意图

大约要增大1 000多倍，这一体积的变化，不但进行得很快，同时又由于水的密度比油的大，所以小水滴一进油锅就沉入锅底，而水蒸气的密度又比油小得多，水化成的水蒸气必然要上升跃出油面，因此引起了剧烈的振动，发出了响声和爆炸，溅起了油花。

弄懂了这个道理，就知道炒菜时不能让热油锅内沾有水滴，连炒菜用的锅铲、勺子上也不能沾着水滴。还有含水分较多的食物，要放进油锅去煎炸时，必须将食物顺着锅沿，小心地放入锅里，以免油花溅到身上。

延伸阅读

一些人在做菜时，以为油烧得越热，甚至冒烟，这样炒出来的菜才会味鲜而有香气。其实不然。

烹调用的油不外是动物油和植物油，它们都是由甘油和脂肪酸组成。炒菜时油温不宜升得太高，一旦超过180 ℃，油脂就会发生分解或聚合反应．植物油的熔点都低于37 ℃，动物油的熔点一般在45～50 ℃。当油温高达200 ℃以上时，其中的甘油就会分解，产生出一种叫丙烯醛的气体——油烟的主要成分。

丙烯醛是一种对人体呼吸道、消化道和眼睛有害的刺激性物质，能引起流泪、呛咳、厌食、头晕等症状。另外，由于丙烯醛的生成，还会使油产生大量的过氧化物，是一种致癌的有害物质。因此，炒菜时应将油烧到八成热为宜。

"热锅凉油"是炒菜的一个诀窍。先把锅烧热，不要等油冒烟了才放菜，八成熟时就将菜入锅煸炒。此外，有时也可以不烧热锅，直接将冷油和食物同时炒，如油炸花生米，这样炸出来的花生米更松脆、香酥，能避免外焦内生。用麻油或炒熟的植物油凉拌菜时，可在凉菜拌好后再加油，更清香可口。

 # 为什么热凉粥时锅底
冒泡了粥却是凉的？

你知道吗

在热凉粥或冷菜的时候，锅内发出"扑嘟、扑嘟"的声音，并不断冒出气泡来，但一尝，粥或饭并不热，这是为什么？

加热冷粥也有窍门

 ## 科学原理

把凉粥或冷菜烧热与烧开水是不一样的。虽然水是热的不良导体，对热的传导速度很慢，但水具有很好的流动性。当锅底的水受热时，它就要膨胀，密度减小就上浮，周围的凉水就流过来填补，通过这种对流，就把锅底的热不断地传递到水的各部分而使水变热。而凉粥或饭，既流动性差又不易传导热。所以，当锅底的粥或饭吸热后，温度就很快上升，但却不能很快地向上或四周流动，大量的热就集中在锅底而将锅底的粥烧焦。因热很难传到粥的上面，所以上面的粥依然是凉的。加热凉粥或饭时，要在锅里多加一些水，使粥变稀，增强它的流动性。此外，还要勤搅拌，强制进行对流，这样可将粥进行均匀加热。

延伸阅读

壶里为什么会有水碱？

烧水的壶用久了，壶的里层往往有一层白色的水碱。使用的时间越久，积存得就越多。有人叫它"水锈"，也有叫它"锅垢"的。这究竟是哪里来的呢？这是由水里夹带着不容易溶解的物质，如硫酸钙 $CaSO_4$ 等，沉淀下来的。硫酸钙在水中的溶解度很小，由于水的温度增高，会更降低它的溶解度，因此它就沉淀在壶底了。还有水里夹带着一些溶解的物质，如酸性碳酸钙 $Ca(HCO_3)_2$、酸性碳酸镁 $Mg(HCO_3)_2$，这些物质受热就会分解，生成碳酸钙 $CaCO_3$ 和碳酸镁 $MgCO_3$ 等不溶解于水的物质，就沉淀在壶底。硫酸钙、碳酸钙和碳酸镁等都是白色的沉淀物，混合在一起，就是水碱。

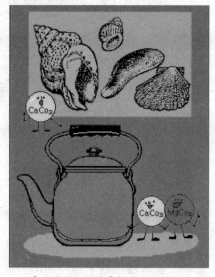

贝壳和水垢的化学成分是一样的

　　贝壳和水垢的化学成分是一样的，都是水中碳酸钙结成的，如蛤、蚌、海螺、牡蛎之类的"外套"。那么，这些"外套"是怎样生出来的呢？生活在海边的蛤、蚌、海螺、牡蛎等软体动物，有一种特殊的化学本领，能够吸收水中的碳酸氢钙，经过变化生成硬邦邦的碳酸钙"外套"——贝壳。

汽水是"吸"上来的吗？

你知道吗

　　夏天到了，人们都喜欢喝汽水来消暑。吸管是我们平常喝汽水时用到的工具。用吸管吸汽水，我们总以为是嘴把汽水吸上来的，其实不是，你明白其中的道理吗？

吸管

科学原理

　　用嘴吸只吸走了吸管中的空气，至于汽水嘛，那是大气把它压到嘴里去的。原来，吸管中的空气被吸走后，管里面的汽水受到空气的压强变小，而瓶子里（吸管外）的汽水受到的压强是大气压强，这两个压强是不相等的，大气压强较大，就会把汽水压到嘴里去了。

　　如果汽水瓶口盖一个塞紧了的软木塞，木塞中插着一根玻璃管，那么，你从玻璃管里吸汽水，至多能吸上一两口，就再也吸不到瓶里的汽水了。这个道理也简单，因为瓶外的大气无法进入汽水瓶，大气也就无法把汽水压到嘴里去了。不拔掉瓶塞，还能喝到汽水吗？虽然吸不上来，但能不能吹上来？对着玻璃管向瓶子里吹气是个办法。吹气，增加瓶内的气体，增加了瓶内气体的压强。瓶内的气体压强变大以后，就会把汽水从玻璃管里压出来，这时，只要嘴不离开玻璃管，就能喝到汽水。往瓶里吹气越多，压强增加得越多，就可以顺利地喝到汽水。喝掉一些汽水以后，瓶内的气体体积变大、压强降低，就喝不到汽水了。再吹气，又能继续喝到汽水。

延伸阅读

吸管是美国的马文·史东（Marvin Stone）在 1888 年发明的。19 世纪，美国人喜欢喝冰凉的淡香酒，为了避免口中的热气减低了酒的冰冻劲，因此喝时不用嘴直接饮用，而以中空的天然麦秆来吸饮，可是天然麦秆容易折断，它本身的味道也会渗入酒中。

当时，烟卷制造商马文·史东，从烟卷中得到灵感，制造了一支纸吸管。试饮之下，既不会断裂，也没有怪味。从此，人们不只在喝淡香酒时使用吸管，喝其他冰凉饮料时也喜欢使用纸吸管。塑胶发明后，因塑胶的柔韧性、美观性都胜于纸吸管，所以纸吸管便被五颜六色的塑胶吸管取代了。值得一提的是，发明人并没有申请专利。

 # 如何使用木糖醇口香糖防龋呢？

 ## 你知道吗

笑容能给初次见面的人留下良好的第一印象。而很多人却因为牙齿不

Wuchubuzai De Kexue Congshu

够洁白，对自己的笑容也失去了信心。随着木糖醇防龋知识的推广和普及，越来越多的人开始认识到木糖醇的健齿功效，进而选择木糖醇口香糖作为防龋健齿的好帮手。以木糖醇为主要甜味剂的口香糖和糖果已经得到六个国家牙齿保健协会的正式认可。

那么，如何使用木糖醇口香糖获得防龋的最佳效果呢？

木糖醇口香糖

科学原理

首先，很多人都认为木糖醇的含量越高越好，其实这是一个误区。实验表明，木糖醇含量在15%的口香糖和木糖醇含量在65%的口香糖防蛀效果相同，反而，木糖醇摄入过多会造成肠胃不适。

其次，在使用木糖醇口香糖时要掌握好咀嚼的次数和时间。如果咀嚼木糖醇含量50%以上的口香糖，通常在饭后和吃完零食以后及临睡前各咀嚼一块木糖醇口香糖，便可以达到防龋的效果。饭后和吃完零食之后马上咀嚼效果最佳。即使是吃了含有砂糖的食品（巧克力等），吃完之后如果马上咀嚼木糖醇口香糖的话，能迅速改善口腔环境，使酸性的口腔环境恢复为中性，减弱酸对牙齿的腐蚀作用。并且通过咀嚼木糖醇口香糖可以有助于牙齿的再矿化，在连续摄取木糖醇两周至一个月左右就会出现效果。

第三，早晚刷牙，用含氟牙膏和保健牙刷，并且坚持每天饭后、吃完零食后和睡觉前咀嚼木糖醇口香糖，则会产生多重效果，防龋的效果也会大大提高。

延伸阅读

木糖醇是一种具有营养价值的甜味物质，也是人体糖类代谢的正常中间体。一个健康的人，即使不吃任何含有木糖醇的食物，血液中也含有0.03～0.06毫克百分之百的木糖醇。在自然界中，木糖醇广泛存在于各种水果、蔬菜中，但含量很低。商品木糖醇是用玉米芯、甘蔗渣等农作物经过深加工而制得的，是一种天然健康的甜味剂。

木糖醇呈白色晶体，外表和蔗糖相似，是多元醇中最甜的甜味剂，味凉，甜度相当于蔗糖，热量相当于葡萄糖，是未来的甜味剂，是蔗糖和葡萄糖替代品。从食品级来说，木糖醇有广义和狭义之分。广义为碳水化合物，狭义为多元醇。因为木糖醇仅仅能被缓慢吸收或部分被利用，热量低是它的一大特点：每克2.4卡路里，比其他的碳水化合物少40％。木糖醇从60年代开始应用于食品中。在一些国家它是很受糖尿病人欢迎的一种甜味剂。在美国，为了某些特殊目的可以作为食品添加剂，不受用量限制的加入食品中。

鸡蛋加热为什么不融化？

你知道吗

大多数物质都是加热后融化，但是我们常吃的炒鸡蛋，为什么加热后反而由液体变成了固体呢？

炒鸡蛋

科学原理

并不是所有固体和液体之间的相互转化都同融化和冷却有关，比如炒鸡蛋，还有通过聚合反应形成塑料，就与融化和冷却没有关系。

加热固体，比如说冰，就是在给其中的分子增加能量，使它们能够挣断将它们维持成固体状态的那些化学键。处于液体状态的物质，其中的分子有足够的能量到处移动，但是所具有的能量却又没有大到可以完全脱离其他分子而变成气体分子的程度。

然而你加热生鸡蛋，发生的则是全然不同的另一种过程。鸡蛋是由悬浮在水中的一个个蛋白质球所组成的，而这些蛋白质球则是长链分子依靠化学键才得以卷曲成大致的球形。当鸡蛋被加热时，迫使这些化学键断开，卷曲的分子被拆解开来，能够与其他分子结合形成网络，并把水分子陷在其中，这时的鸡蛋便凝固而成为固体。如果继续加热鸡蛋，其中甚至还会形成更多的化学键，这时的鸡蛋便会脱水而更富有弹性。

延伸阅读

加热会使鸡蛋脱水，将其中的蛋白质链解开而使它们变性。继续加热，作为氨基酸之一的半胱氨酸链上的硫氢基团被氧化，导致相邻分子之间形成共价键。这种共价键是稳定的强化学键，它们被称为二硫化物桥，通过交叉连接把链状分子编织成网络，从而使鸡蛋变硬。指甲具有很好的抗拉强度，头发保持一定的形状，也都是其中存在着二氧化硫桥的缘故。在烫发时，理发师使用一种还原剂使二氧化硫桥断裂，就能够将头发梳理成所需要的形状。此后，理发师再使用一种氧化剂恢复共价键，将这种新形状的头发定型，保持发型不变。

"猫眼"是如何防盗的呢？

你知道吗

在许多防盗门上，我们都可以看到一个圆形的小孔，小孔中装有玻璃片，这便是门镜，人们平常亲切地叫它"猫眼"。透过猫眼，当有人敲门时，屋里的人就可以看到门外的情况。通过猫眼从屋里看屋外时非常清楚，而从屋外看屋里就变得十分模糊了，这是为什么呢？

科学原理

门镜是由两块透镜组合而成。当我们从门内向外看时，物镜 L_1 是凹透镜，目镜 L_2 是凸透镜。物镜 L_1 的焦距极短，它将室外的人或物 AB 成一缩得很小的正立虚像 $A'B'$，此像正好落在目镜 L_2 的第一焦点之内，L_2 起着放大镜的作用，最后得到一个较为放大的正立虚像 $A''B''$，此像恰义成在人眼的明视距离附近，对于门外的情况，就看得清楚了。

那么，同样通过此门镜，为什么从门外向里看（倒看）时，却什么也见不着呢？

在倒看时，L_1 变成了目镜，L_2 则成了物镜，室内的景物 AB 通过会聚透镜 L_2 后的折射光束本应生成倒立的实像 $A'B'$，但在

一般的防盗门上都装有猫眼

Wuchubuzai De Kexue Congshu

尚未成像之前就落到发散透镜 L_1 上。由于 L_1 的焦距极短，最后得到的正立虚像 $A''B''$ 距目镜 L_1 很近，只有 2~3 厘米，又由于门镜的孔径很小，室外的人不得不贴近目镜 L_1 察看。这样，人眼与像 $A''B''$ 之间的距离也只不过 2~3 厘米，这个距离远小于正常人眼的近点（近点是人眼能够看清楚物体的最小距离。近点距离随年龄的增长而增大，正常青年人的近点约 10 厘米，但正常人到 50 岁时，近点大致为 40 厘米）。因此，对于室外的窥视者，室内的一切当然也就"视而不见"了。

延伸阅读

17 世纪初的一天，荷兰小镇的一家眼镜店的主人利伯希，为检查磨制出来的透镜质量，把一块凸透镜和一块凹镜排成一条线，通过透镜看过去，发现远处的教堂塔尖好像变大拉近了，于是在无意中发现了望远镜的秘密。1608 年，他为自己制作的望远镜申请专利，并遵从当局的要求，造了一个双筒望远镜。据说小镇好几十个眼镜匠都声称发明了望远镜，不过一般都认为利伯希是望远镜的发明者。

望远镜发明的消息很快在欧洲各国传开了，意大利科学家伽利略得知这个消息之后，就自制了一个。第一架望远镜只能把物体放大 3 倍。一个月之后，他制作的第二架望远镜可以放大 8 倍，第三架望远镜可以放大到 20 倍。1609 年 10 月，他做出了能放大 30 倍的望远镜。伽利略用自制的望远镜观察夜空，第一次发现了月球表面高低不平，覆盖着山脉并有火山口的裂痕。此后又发现了木星的 4 个卫星、太阳的黑子运动，并作出了太阳在转动的结论。

几乎同时，德国的天文学家开普勒也开始研究望远镜，他在《屈光学》里提出了另一种天文望远镜。这种望远镜由两个凸透镜组成，与伽利略制作的望远镜不同，比伽利略制作的望远镜视野要宽阔。但开普勒没有制造他所介绍的望远镜。沙伊纳于 1613~1617 年间首次制作出了这种望远镜，他还遵照开普勒的建议制作了有三个凸透镜的望远镜，把两个凸透镜做的望远镜的倒像变成了正像。沙伊纳做了 8 台望远镜，一台一台地去观察太阳，无论哪一台都能看到相同形状的太阳黑子。因此，他打消了不少人认为黑子可能是透镜上的

2009 年，"开普勒"号太空望远镜
在美国发射升空

尘埃引起的错觉，证明了黑子确实是观察到的真实存在。

遥控器是怎么让电视听它遥控的呢？

你知道吗

遥控器的出现给人们带来了极大的方便，当你对着电视按下遥控器上的按键时，你会发现遥控器上面有一个红色的小灯亮了起来，正是它发出红外线，让电视机相关开关接受后产生感应，从而达到遥控的目的。

现在很多电器都采用红外线遥控，那么红外线遥控的工作原理是什么呢？

科学原理

首先我们来看看什么是红外线。人的眼睛能看到的可见光按波长从长到短排列，依次为红、橙、黄、绿、青、蓝、紫。其中红光的波长范围为0.62～0.76微米，紫光的波长范围为 0.38～0.46微米。比紫光波长还短的光叫紫外线，比红光波长还长的光叫红外线。

我们常用的遥控器

红外线遥控就是利用波长为 0.76～1.5 微米的近红外线来传送控制信号的。常用的红外遥控系统一般分发射和接收两个部分。发射部分的主要元件为红外发光二极管，它实际上是一只特殊的发光二极管，由于其内部材料不同于普通发光二极管，因而在其两端施加一定电压时，它发出的是红外线而不是可见光。用红外发光二极管发射红外线去控制受控装置时，受控装置中均有相应的红外光一电转换元件，如红外线接收二极管，光电三极管等。

延伸阅读

随着科学的进步，红外线已经逐渐在退出市场，逐渐被 USB 连线和蓝牙所取代，红外发明之初短距离无线连接的目的已经不如直接使用 USB 连线和蓝牙方便，所以，市场上带有红外收发装置的机器会逐步减少。那么红外线和蓝牙的区别在哪里呢？

1. 距离

红外线：对准、直接、1～2 米，单对单

蓝牙：10 米左右，可加强信号，可以绕弯，可以不对准，可以不在同一间房间，链接最大数目可达 7 个，同时区分硬件。

2. 产业

红外线：很普及

蓝牙：初步应用

3. 速度

红外线：串口速度，57 600 K/bps ~ 19 200 K/bps

蓝牙：50 K/s，甚至更高

4. 安全

红外线：无区别

蓝牙：加密

5. 成本

红外线：几元 ~ 几十元

蓝牙：几十元 ~ 几百元

03

为什么北极熊不怕冷？

我们常常在电视节目中发现北极熊的身影。这个庞然大物拖着笨重的身躯在厚厚的冰层上怡然自得地捕食、嬉戏、奔跑，完全不在乎北极凛冽的寒风和刺骨的寒冷。要知道，北极是地球上全年平均气温最低的地区，有时可达到零下 80 ℃，这样的低温一般的哺乳动物根本无法生存。然而，在这里生活的北极熊却显得若无其事。它为何不怕冷呢？这得要生物学家告诉你答案。

其实，自古以来动物都是人类最亲密的朋友，随着人类社会的发展，城市化程度越来越高，当今生活在城市中的人们近距离接触动物的机会已经越来越少，更多的是通过电视或者去往动物园了解它们。其实在它们身上有许多不为我们熟知的秘密，比如，老鹰怎么在高空中视物，北极熊怎么抵御严寒，蜻蜓怎么点水，螃蟹为何要"横行"……现在就跟随我们，一起进入动物世界去找寻科学的身影吧！

为什么北极熊不怕冷?

你知道吗

我们大部分人，一看见北极熊通体雪白就认为它们的皮毛是白色的，其实，如果摘下几根北极熊的毛发来仔细端详，会发现它是透明而且中空的呢！这些透明的毛发层层覆盖，才会让我们觉得北极熊是白的。

北极熊

那么，你知道北极熊为什么不怕冷吗？

科学原理

北极熊之所以能够抵御北极的寒冷，首先是它身上覆盖着厚厚的白毛。经科学家研究发现，北极熊的皮毛不仅仅是依靠厚度来起增加防寒作用的，它的毛呈透明的空心管状，就好像是精巧的光导纤维，空心结构有利于保温。毛的颜色并不很白，比周围的冰雪要"黑"得多，因此，能够吸收高能量的紫外线，既能有效地保持体内热量不易散发，又能充分利用极地阳光的能量，增加自身的体温。

其次，它的皮下脂肪很厚，竟达到 10 多厘米厚，就像穿了一件大棉袄，所以能够耐寒。它的食物以极富脂肪的海豹、海豚、幼鲸等动物为主。北极熊的食量又大，自然会使自己变成一个肥胖者，肥胖者当然更能御寒。

另外，它的脚掌长得又肥又大，而且还有一层很厚的密毛，就像穿了一双毡靴，自然就不怕冰天雪地。

北极熊这种多层保暖措施是如此有效，以至于它们有时不得不四仰八叉地趴在冰面上，以便好好凉快凉快。

北极熊

延伸阅读

北极熊生活在北极，它们把家安在北冰洋周围的浮冰和岛屿上，还有相邻大陆的海岸线附近，基本呈环极分布。它们一般不会深入到更北端的地方，因为那里的浮冰太厚了，连它们的最主要猎物——海豹也无法破冰而出；没有食物，北极熊自然不会去冒险。生活在那里的北极熊被我们分为六大种群、俄罗斯弗兰格尔岛—阿拉斯加西部种群、阿拉斯加北部种群、加拿大北极群岛种群、格陵兰种群、挪威斯瓦尔巴特群岛—俄罗斯法兰兹约瑟夫群岛种群以及西伯利亚北部至中部种群。

北极熊在熊科动物家族中属于正牌的食肉动物，它们主要捕食海豹，特别是环斑海豹，此外也会捕食髯海豹、鞍纹海豹、冠海豹。除此之外，它们也捕捉海象、白鲸、海鸟、鱼类、小型哺乳动物，有时也会打扫腐肉。它们也是唯一主动攻击人类的熊，北极熊的攻击大多发生在夜间。和其他熊科动物不一样的是，它们不会把没吃完的食物藏起来等以后再吃（这倒是大大方便了别的动物，比如懒惰的同类或者北极狐），甚至时常享用完脂肪之后就扬长而去。要知道对它们而言，高热量的脂肪比肉更为重要，因为它们需要维持保暖用的脂肪层，还需要为食物短缺的时候储存能量。北极熊也不是一点素食不沾，在夏季它们偶尔也会吃点浆果或者植物的根茎。在春末夏临之时，他们会到海边来取冲上来的海草补充身体所需的矿物质和维生素物质。

为什么说蜜蜂是建筑专家？

你知道吗

蜜蜂是宇宙间最令人敬佩的建筑专家。它们凭着上帝所赐的天赋本能，采用"经济原理"——用最少材料（蜂蜡）来建造最大的空间（蜂房），这种六边形的巢房被达尔文赞叹为"自然界最令人惊讶的神奇建筑"。你知道其中的原理吗？

结构独特的蜜蜂巢室

科学原理

正六角形的建筑结构，密合度最高，所需材料最简，可使用空间最大。其致密的结构使各方受力大小均等，且容易将受力分散，所能承受的冲击也比其他结构大。巢房是由一个个正六角形的中空柱状房室背对背对称排列组成。六角形房室之间相互平行，每一间房室的距离都相等。每一个巢房的建筑，都是以中间为基础向两侧水平展开，从其房室底部至开口处有13°的仰角，是为了避免存蜜的流出。另一侧的房室底部与这一面的底部又相互接合，由三个全等的菱形组成。此外，巢房的每间房室的六面隔墙宽度完全相同，两墙之间所夹成的角度正好是120°，形成一个完美的几何图形。

延伸阅读

长期以来，蜜蜂筑巢的技能引起了很多科学家的注意。早在2200多年前，古希腊数学家巴普士就认真观察并研究了精巧的蜂房结构。18世纪初，法国科学家马拉尔第则亲自测量了蜂房的尺寸。著名的生物学家达尔文曾经给予蜂房这样的赞美："如果一个人看到蜂房而不大加赞扬，那他一定是个糊涂虫。"

现在我们知道，如果整个平面都由正多边形来铺满，那么只有正三角形、正方形和正六边形这三种图形可以完成。而蜜蜂在筑房时，恰恰选择了正六边形。整个蜂房由无数个正六棱柱状的蜂巢组成，一个挨着一个，没有一丝空隙，紧密有序地排列在一起。蜂房的底部是由3个完全相同的菱形拼成，每个菱形的钝角均为109°28′，锐角都是70°32′。最令人惊讶的是，以这样角度建造起来的蜂房，应当是相同容积中最省材料的。而这一结论在18世纪才被法国数学家克尼格和苏格兰数学家马克劳林从理论上计算出。难怪蜜蜂被很多人称为"天才的数学家兼设计师"。

斑马身上的条纹和间隔
是怎样形成的?

你知道吗

斑马是非洲最著名的动物之一。我们在许多动物园和马戏团中也都见过斑马,斑马身上的条纹和间隔是怎样形成的呢?

野生斑马

 ## 科学原理

原来,在雌兽的妊娠早期,一个固定的、间隔相同的条纹形式就已经确定在胚胎之中了。以后在胚胎发育的过程中,由于身体各部位发育的情况不同,所以幼仔出生后,各部位所形成的条纹也就不一样了,有的宽阔,有的狭窄。例如斑马颈部的条纹较宽,所以颈部的最早条纹形式必须在胚胎发育的第七个星期,颈部伸长之前确定;近鼻孔处的条纹很细,所以这个部位最早的条纹形式必须在胚胎发育的第五个星期,鼻子扩大之前确定;臀部的条纹最宽,说明臀部与身体的其余部分是成比例发展的。另

Wuchubuzai De Kexue Congshu

一方面，条纹也不能早于胚胎发育的第五个星期之前出现，因为斑马长着一条具有条纹的尾巴，而这条尾巴在胚胎发育的第五个星期以前尚未出现，这时胚胎的长度大约为32毫米，条纹的数目约为80个，据此可以推算出最初确定的每个条纹的宽度大约为400微米，即每一个条纹有20个胚胎细胞的宽度。至于它四肢上的条纹为什么呈水平方向，则可能是腿部在胚胎发育过程中，所有的条纹机械地转过一个角度而形成的。

 延伸阅读

　　斑马身上的条纹漂亮而雅致，是同类之间相互识别的主要标记之一，更重要的则是形成适应环境的保护色，作为保障其生存的一个重要防卫手段。

　　在开阔的草原和沙漠地带，这种黑褐色与白色相间的条纹，在阳光或月光照射下，反射光线各不相同，起着模糊或分散其体型轮廓的作用，展眼望去，很难与周围环境分辨开来。

　　这种不易暴露目标的保护作用，对动物本身是十分有利的。近年来的研究还认为，斑马身上的条纹可以分散和削弱草原上的刺刺蝇的注意力，是防止它们叮咬的一种手段。这种昆虫是传播睡眠病的媒介，它们经常咬马、羚羊和其他单色动物，却很少威胁斑马的生活。

　　这种保护色是长期适应环境和自然选择而逐渐形成的，因为历史上也曾出现过一些条纹不明显的斑马，由于目标明显，所以易于暴露在天敌面前，遭到捕杀，最后灭绝，在漫长的生物演化过程中逐渐被淘汰了。只有那些条纹分明、十分显眼的种类尚能生存到现在。

　　人类从这种现象中得到了启示，将条纹保护色的原理应用到海上作战方面，在军舰上涂上类似于斑马条纹的色彩，以此来模糊对方的视线，达到隐蔽自己、迷惑敌人的目的。

为什么长颈鹿走路"同手同脚"？

你知道吗

长颈鹿走路慢条斯理、优雅大方，步履与众不同，是左前肢、左后肢与右前肢、右后肢交替前进，显得十分庄重雅气。

你知道这是为什么吗？

科学原理

走路"同手同脚"的长颈鹿

长颈鹿的腿很长，相对身体较短，蹄子很大。对它们不寻常步态的普通解释是避免它们前后蹄相互打架。如果你用代称来表示各个蹄子，如"左前"表示左前蹄，"右后"表示右后蹄，等等，你可以记下特定动物的行走模式。大多数动物行走时，它们会交替移动它们的蹄子，总是以相同的顺序，并且间隔时间大致相等。左前＊＊右后＊＊右前＊＊左后＊＊左前＊＊右后＊＊右前＊＊左后，以此类推。但是，长颈鹿与此不同，除了小跑，它们慢走时，同时移动身体同侧的两只蹄子。（左后＋左前）＊＊＊＊（右后＋右前）＊＊＊＊（左后＋左前）＊＊＊＊（右后＋右前），以此类推。

在慢走时，身体一侧的两腿均向前摆动，然后向后摆动，因此前后腿会保持其各自节奏而互不干扰。在马类中，在标准行走时比小跑时前后蹄

Wuchubuzai De Kexue Congshu

子相撞的危险性更小。长颈鹿的节奏式行走可进一步降低这种危险性。这可解释长颈鹿不寻常的步态。但是有一点一定要强调，那就是骆驼和长颈鹿均可成功地飞奔。在飞奔中，两条前腿向后摆的同时，两条后腿向前摆动，这使得两蹄相撞的机会增加。

 延伸阅读

长颈鹿是非洲的一种特有动物，长长的脖子，抬起头来，最高的雄长颈鹿身高可达 6 米，因此是陆地上最高的动物。

长颈鹿通常生一对角，终生不会脱掉，皮肤上的花斑网纹则为一种天然的保护色。长颈鹿喜欢群居，一般十多头生活在一起，有时多到几十头一大群。长颈鹿是胆小善良的动物，每当遇到天敌时，立即逃跑。它能以每小时50千米的速度奔跑。当跑不掉时，它那铁锤似的巨蹄就是很有力的武器。

长颈鹿除了有一对大眼睛是监视敌人天生的"瞭望哨"外，还会不停地转动耳朵寻找声源，直到断定平安无事，才继续吃食。长颈鹿喜欢采食大乔木上的树叶，还吃一些含水分的植物嫩叶。它的舌头伸长时可达50厘米以上，取食树叶极为灵巧方便。

长颈鹿怀孕期14个多月，每胎产1仔，生下来的幼仔身高1.8米，出生后20分钟即能站立，几天后便能奔驰如飞，幼仔4岁后成熟，寿命可达30年。

长颈鹿生活在干旱而开阔的稀树草原地带，群居。它们的食物是各种高树的叶子和枝丫。长颈鹿的听觉和视觉非常敏锐。眼睛可以看到身后的东西，但它们却沉默得像个哑巴，很少发出声音。雄性长颈鹿比较"好战"，交起手来时间相当长，互相围绕着，像两个人打架相持不下一样，谁也不肯首先离去。

为什么比目鱼的眼睛长在同一边?

你知道吗

大海里, 有形形色色的鱼, 比目鱼就是一种很有特点的鱼, 它的两眼完全在头的一侧, 有眼的一侧是有颜色的, 但下面无眼的一侧为白色。

你知道这是为什么吗?

比目鱼

科学原理

比目鱼的眼睛长在同一边, 这是在发育过程中形成的。当比目鱼刚从卵中孵化出来时, 它们和别的鱼一样两只眼睛长在头部两侧。这时它们非常活跃, 能在海面上游玩, 大约过了 20 天, 身体长到 1 厘米长时, 由于身体各部分发育不平衡, 游泳时也逐渐把身体侧了过来, 于是开始侧卧在海底生活。它们的眼睛就在这时开始游动。两边脑骨生长不平衡, 尤其是前颚骨显得更为突出, 身体下面那只眼睛, 因眼下部那条软带不断增长的缘故, 使得眼睛向上游动, 经过背脊而到达上面, 和上面原来的那只眼睛并列在一起。此时, 比目鱼的眼眶骨也生成了, 两只眼睛的位置就不再变动而长在了同一边。

比目鱼的生活习性非常有趣, 在水中游动时不像其他鱼类那样脊背向上, 而是有眼睛的一侧向上, 侧着身子游泳。它常常平卧在海底, 在身体上覆盖上一层沙子, 只露出两只眼睛以等待猎物、躲避捕食。这样一来, 两只眼睛在一侧的优势就显示出来了, 当然这也是动物进化与自然选择的结果。

延伸阅读

《尔雅·释地》中说："东方有比目焉，不比不行，其名谓之鲽。"《吴都赋》中又说："双则比目，片则王余。"（注曰："比目鱼，东海所出。王余鱼，其身半也。俗云：越王鲙鱼未尽，因而以其半弃于水中为鱼，遂无其一面，故曰王余也。"）古人之所以称其为"比目鱼"，就是因其"状如牛脾，鳞细，紫黑色，一眼，两片相合乃得行，故称比目鱼"。前面已经说了，比目鱼确实是一侧有眼，一侧无眼的怪鱼，但并非只有一只眼，而是两只眼贴近在一边，说它"两片相合乃得行"更是大错特错了，两条鱼怎么能够合拢到一起呢？不同类的比目鱼的眼睛位置也不相同，鲆科的两眼长在左侧，鲽科和鳎科的两眼却长在右侧。

在我国古代，比目鱼是象征忠贞爱情的奇鱼，古人留下了许多吟诵比目鱼的佳句："凤凰双栖鱼比目"、"得成比目何辞死，愿作鸳鸯不羡仙"等等，清代著名戏剧家李渔曾著有一部描写才子佳人爱情故事的剧本，其名就叫《比目鱼》。

为什么老鹰在高空能看见地上的小动物？

你知道吗

老鹰经常在天空盘旋，一看到猎物出现，便会以迅雷不及掩耳之势俯冲下来。它能从两三千米的高空中，准确地看到地面上奔跑的田鼠和野兔，甚至连地面上啄食的小鸟也可以发现。这些小动物只要被它看见，就无法逃掉。

为什么老鹰会有这么好的眼力呢？

科学原理

老鹰有这么好的眼力，主要是它的每只眼睛里面的视网膜上，都有2个中央凹，比人眼的中央凹还多一个。其中的一个专门看正前方，另一个专门看侧面，这样，它的眼睛能看到的范围就宽多了。另外，老鹰的每一个中央凹内管看东西的细胞比人眼多6～7倍。所以，老鹰的眼睛不仅比其他任何动物看得远，而且看得也十分清楚。

老鹰的视野非常广

延伸阅读

鹰是充满传奇色彩的鸟。千百年来，鹰一直被人类所神化，成为勇敢、威武的象征，但鹰和人类的关系不只于此。

宋代大诗人苏东坡曾写道："老夫聊发少年狂，左牵黄，右擎苍，……酒酣胸胆尚开张。"这是苏东坡在《密州出猎》一词中描绘他率人出猎时的情景。其中"右擎苍"就是说右臂上站着苍鹰。当然，这只苍鹰是被人驯化专门用来打猎的猎鹰。

驯养野鹰用于狩猎活动，在苏东坡那个时代以前就已开始了。我们的祖先很早发现鹰善于捕捉野鸡、野兔和野鸭等动物，于是他们开始探索驯鹰狩猎的方法。历史上，用鹰狩猎被称为鹰猎。司马迁在《史记》中曾记载秦朝宰相李斯被处死前仍想着"牵黄犬，臂苍鹰，出上蔡东门"的生

活。可见，当时鹰猎已是贵族的主要游乐活动
之一。

苍鹰在寻找猎物

据考证，鹰猎最早起源于东方，公元前
721～705年亚述（美索不达米亚北部的王国，
在今伊拉克北部）国王萨尔贡二世在位时便有
鹰猎活动。后来，西方的商人、冒险家和东征
的十字军士兵在东方学会了鹰猎术，并将此术传入欧洲大陆。起先，鹰猎
是特权阶级专有的消遣活动，到17世纪，鹰猎便在大众中普及了。1770
年，世界上第一个鹰猎者协会在英格兰成立。

鹰猎所使用的鹰种类很多，在我国主要是苍鹰。这种鹰体形修长，雄
鹰体长0.5米，雌鹰比雄鹰大，约0.56米。野生苍鹰喜欢栖息在森林中。
它们翅膀短圆，飞行时，苍鹰可振翅疾飞，亦可在高空悠闲地翱翔，还能
悬停在空中发出"滴—利利利"的鸣叫。苍鹰捕猎时，总是先落在一棵视
野宽阔的大树上寻找猎物，一旦发现目标便急冲而下，鹰猎者正是利用苍
鹰这种捕食习性。苍鹰捕猎的成功率很高，因为它有猎人和猎犬帮助惊动
猎物，当猎物惊慌失措时，苍鹰便迅速出击，一举抓获猎物。这时猎人要
及时赶到，夺下猎物，给猎鹰喂食以示奖励，否则，猎物就会成为苍鹰的
美食。据说雌鹰的捕猎本领比雄鹰高，因而驯鹰人喜欢诱捕雌鹰驯养。

为什么海蜇会蜇人?

 你知道吗

海蜇的形状好似一只降落伞，它全身没有骨骼，肉质细嫩。可是，如

生活中的科学

果你不注意，接触到它，就会被蜇上一口，让你疼得难受。它是怎么蜇人的，你知道吗？

科学原理

海蜇

原来，海蜇的触手就是它的防卫武器。海蜇的触手上有许多刺细胞，刺细胞里除了细胞质和细胞核外，还有一个刺丝囊，里面有一盘丝状的小管子，这就是刺丝。刺细胞的外面有两根刺针，一旦遇到敌害，刺丝囊中的刺针就发射出来，并同时放出具有腐蚀性的毒液，直刺敌人体内。这时，敌人好像被打了麻醉针一样，渐渐失去知觉，直至死亡。如果人被它刺中，也同样会感觉很难受。

延伸阅读

我国海域广阔，每年7~9月均有相当数量的海蜇蜇伤病例发生，以前主要为捕捞海蜇的渔民，近来亦有在海滨游泳戏水的游客被蜇伤。人体皮肤薄嫩处最易蜇伤，一般可在数分钟出现触电样刺痛感，数小时后伤区逐渐出现线状排列的有红斑的血疹，痒而灼痛。轻者可在20天左右自愈。敏感性强的患者局部可出现红斑水肿、风团、水泡、瘀斑，甚至表皮坏死；全身表现为烦躁不安、发冷、腹痛、腹泻、精神不振及胸闷气短。重者多咳喘发作，吐白色或粉红色泡沫痰，并伴有脉数无力、皮肤青紫及血压下降等过敏性休克现象。若抢救不及时，这类蜇伤病人可在短时间内死亡。

蝴蝶的翅膀为什么那样美丽？

你知道吗

靠近山坡与溪流的地方，处处可以见到各式各样的蝴蝶，小孩子总是唱着这样的歌谣："蝴蝶蝴蝶真美丽，头戴着金丝身穿花花……"看见大一点的黑色凤蝶，便一路追逐。

为什么蝴蝶的翅膀那样美丽呢？

科学原理

山中美丽的蝴蝶

蝴蝶的翅膀上生长着一层极微小的形状各异的鳞片。鳞片里含有许多种特殊化学素颗粒，这五颜六色的颗粒组合到一起，便构成了蝴蝶身上绚丽多彩的图案。鳞片上还生长着横行条纹，这种条纹越多，就越闪烁着美丽多彩的光芒。

蝴蝶主要是吸食花儿的蜜汁来生存的，它有一个十分特别的嘴巴。平日，它的又细又长像吸管一样的嘴巴总是盘着，像一盘蚊香一样。当它找到花蜜后，管子会伸得很长，一直伸到花朵的深处，美美地吃上一顿。

延伸阅读

全球有记录的蝴蝶总数有 17 000 种，中国约占 1 300 种。蝴蝶以南美洲亚马逊河流域出产最多，其次是东南亚一带。世界上最美丽、最有观赏价值的蝴蝶，也多出产于南美巴西、秘鲁等国。而受到国际保护的种类，多分布在东南亚，如印度尼西亚、巴布亚新几内亚等国。在同一地区、不同海拔高度形成了不同湿度环境和不同的植物群落，也相应形成很多不同的蝴蝶种群。中国的云南省就是一个很好的例子。

不同种类的蝴蝶

蝴蝶一般色彩鲜艳，翅膀和身体有各种花斑，头部有一对棒状或锤状触角（这是和蛾类的主要区别，蛾的触角形状多样）。最大的蝴蝶展翅可达24厘米，最小的只有1.6厘米。大型蝴蝶非常引人注意，专门有人收集各种蝴蝶标本，在美洲"观蝶"迁徙和"观鸟"一样，成为一种活动，吸引许多人参加。但是，有许多种类的蝴蝶是农业和果木的主要害虫。

为什么螃蟹要横着走？

 你知道吗

螃蟹的身体长得圆鼓鼓的，有八只脚两只大钳子，就像一个胖胖的将军手持大刀，时刻准备上战场去打仗。它走起路来总是不管不顾，横行霸道，你知道这是为什么吗？

科学原理

螃蟹的头部和胸部在外表上无法区分，因而就叫头胸部。这种动物的十足脚就长在身体两侧。第一对螯足，既是掘洞的工具，又是防御和进攻的武器。其余四对是用来步行的，叫做步足。每只脚都由七节组成，关节只能上下活动。

大多数蟹头胸部的宽度大于长

螃蟹都是横着走的

度，因而爬行时只能一侧步足弯曲，用足尖抓住地面，另一侧步足向外伸展，当足尖够到远处地面时便开始收缩，而原先弯曲的一侧步足马上伸直了，把身体推向相反的一侧。由于这几对步足的长度是不同的，螃蟹实际上是向侧前方运动的。然而，也不是所有的螃蟹都只能横行。比如，成群生活在沙滩上的长腕和尚蟹就可以向前奔走。生活在海藻丛中的许多蜘蛛蟹，还能在海藻上垂直攀爬。

另外，关于螃蟹的横行，地磁学专家们的研究表明：螃蟹的横行并非自愿，乃是受到地球磁场变化的影响。它是一种出现很早的节肢动物，它的祖先曾经历过多次地磁场的倒转。而每次地磁场的改变，都使螃蟹内耳中用来定方向的小磁粒跟着改变，甚至失去定向效用，从而使其经纬不分，只得权且横行。

原来，螃蟹的第一蟹脚内有一个平衡囊，其内有几颗用于定向的小磁粒，好比一只只"指南针"。亿万年以前，螃蟹的祖先就靠这种"指南针"前爬后退，行走自如。后来，地球磁极的移动使地球的磁场发生了多次的倒转，螃蟹平衡囊内的小磁粒也随之变化，失去了定向作用。为了适应环境、减少麻烦，螃蟹不得不采取折中的解决办法——来个既不向前，也不向后，干脆横行了。

直到今天，螃蟹的后代还是横行的。如果地磁场继续改变，螃蟹也会有直行的时候。但是螃蟹的胸部左右比前后宽，八只步足伸展在身体两侧，它的前足关节只能向下弯曲，这些身体上的结构特征也使螃蟹只能横着走了。

延伸阅读

鱼为什么能下沉和上浮？

鱼儿能自由自在地游水嬉戏，或上浮，或下沉，或前进，还能长时间停在水中不动。为什么鱼能在水中自由升降呢？它们靠什么器官控制这种活动呢？

原来，在鱼腹内有一个充满气的银白色的囊袋，这就是鱼鳔，它就是控制鱼上浮或下沉的器官。鱼鳔一般有前后两室，室内充满气体。鳔内的气体部分是通过和食管相通小管吸入的，也有一部分是从鳔壁

水中的鱼可以自由上浮或下沉

上的毛细血管内的血液中渗透出来的。鳔的前后两室相通，前室收缩时，气体被压入后室，鱼的尾部就向上抬，头部向下沉，借着鳍的摆动，鱼就下沉到水下；如果后室收缩，气体被压入前室，鱼的尾部下沉，头部抬起，借着鳍的摆动，鱼就向上浮起。

Wuchubuzai De Kexue Congshu

为什么鸟儿站着睡觉也不会从树上掉下来？

你知道吗

栖息在树上的鸟类，它们都能用爪子抓紧树枝睡觉。鸟也和人类一样，睡眠时全身肌肉放松，但它们为什么不会摔下来呢？

科学原理

鸟儿可以站在树上睡觉

小鸟站着睡觉的时候不会从树上掉下来，其秘密在于它们的双脚上有一种类似衣服夹子的自动装置。当小鸟停在树枝上的时候，全身的重量会集中在肌腱上而使肌腱绷紧，它那像橡皮筋似的肌腱紧紧地将双足抽紧。当它的双脚要离开树枝起飞时，它就会先扑扇几下翅膀，使全身的重量不再压在肌腱上，只有这样它的双脚才能离开树枝。鸟的这种腿脚结构显然十分有效，甚至可以看见死去多时的鸟仍然用爪紧抓住树枝而不掉下来。

延伸阅读

鸟对人类的贡献是众所周知的。鸟类还有一种特殊的作用，就是它启发了人类的智慧，为人类探求理想的技术装置或交通工具提供了原理和蓝图。可以说，在结构、功能、通讯等方面，鸟类是人类的老师。许多现代科学技术问题，科学家常常需要去请教鸟类。

鹰击长空，鸽翔千里，鸟类可以在空中自由飞行，这对人类是多么大的吸引和激励啊！传说在 2 000 多年前，我国的著名工匠鲁班，曾研究和制造过木鸟。据历史文献记载，1 900 多年前，我国就有人把鸟羽绑在一起，做成翅膀，能够滑翔百步以外。400 多年以前，意大利人根据对鸟类的观察和研究，设计了扑翼机，试图用脚蹬的动作来扑动飞行。后来，经过许多科学家的试验，人们才弄清鸟类定翼滑翔的机理，认识到机翼必须像鸟翼那样前缘厚、后缘薄，构成曲面才能产生升力，再加上工业提供了轻质的金属材料和大功率发动机，终于在 1903 年发明了飞机，实现了几千年来人类渴望飞上天空的理想。

飞机的发明就是来自鸟类的启发

人类自从发明了飞机，飞上天空以后，就在不断地对飞机进行革新改造，不论是体积、载重、速度，都很快超过了鸟类。现代飞机已经比任何鸟类都飞得更快、更远、更高，尤其是近年来出现的各种飞行器，可以到星际间航行，更是鸟类所望尘莫及的。尽管这样，在某些飞行技术和飞行器的结构上，人造的飞机仍然不如鸟类那么完善而且精致，更不要说消耗能源方面了。例如，金鸻可以连续在海洋上空飞行 4 000 多千米，而体重只减少 60 克，如果飞机能用这种效率飞行，那将会节省许多燃料。

鸟类的翅膀具有许多特殊功能和结构，使得它们不仅善于飞行，而且会表演许多"特技"，这些"特技"还是目前人类的技术难以达到的。小小的蜂鸟是鸟中的"直升机"，它既可以垂直起落，又可以退着飞。在吮吸花蜜时，它不像蜜蜂那样停落在花上，而是悬停于空中。这是多么巧妙的飞行啊。制造具有蜂鸟飞行特性的垂直起落飞机，已经成为许多飞机设计师梦寐以求的愿望。

鸟类所特有的生理结构和功能，还为机械系统、仪器设备、建筑结构和工艺流程的创新，提供了许多仿生学上的课题。所以，鸟类既是人类的朋友，又是人类的老师。为了科学的未来和人类的幸福，我们也应当好好保护鸟类。

为什么大象和犀牛洗完澡后
要在身上涂泥？

你知道吗

在炎热的夏季，大象和犀牛喜欢通过洗澡来消暑，但是每当它们洗澡以后，就会很快往身上涂上泥巴，这是为什么呢？

科学原理

象和犀牛的皮肤虽然很厚，但皮肤褶皱之间却有很多嫩薄的地方。热带的吸血昆虫非常厉害，专爱钻进这些褶皱间叮咬，弄得它们又痒又疼。据科学家研究证明，热血动物在水浴之后，皮肤的血管扩张得比平时更厉害，并产生一种能招引吸血昆虫的气味，所以，象和犀牛出浴后，会遇到更多的吸血昆虫。要防止它们叮咬，只好将泥浆涂在身上，堵塞住皮肤褶皱，形成保护膜。

刚刚出浴的犀牛

延伸阅读

凶猛的非洲鳄鱼有牙签鸟类做朋友，无独有偶，凶猛的非洲犀牛也有自己的鸟类朋友，这就是犀牛鸟。

一头犀牛足有好几吨重，它皮肤坚厚，如同披着一身刀枪不入的铠甲，头部那碗口般大的一支长角，任何猛兽被它一顶都要完蛋。据说犀牛发起性子的时候，别说是狮子，就连大象也要避让三分。这样粗暴的家伙，怎么和体形像画眉般大小的犀牛鸟成了"知心朋友"呢？

原来，犀牛的皮肤虽然坚厚，可是皮肤皱褶之间却又嫩又薄，一些体外寄生虫和吸血的蚊虫便乘虚而入，从这里把它们的口器刺进去，吸食犀牛的血液。犀牛又痒又痛，可除了往自己身上涂泥能多少防御一点这些昆虫叮咬外，再没有别的好办法来赶走、消灭这些讨厌的害虫。而犀牛鸟正是捕虫的好手，它们成群地落在犀牛背上，不断地啄食着那些企图吸犀牛血的害虫。犀牛浑身舒服，自然很欢迎这些会飞的小伙伴来帮忙。

除了帮助犀牛驱虫外，犀牛鸟对犀牛还有一种特别的贡献。犀牛虽然嗅觉和听觉很灵，可视觉却非常不好，是近视眼。若是有敌人逆风悄悄地前来

犀牛和犀牛鸟

偷袭，它就很难察觉到。这时候，它忠实的朋友犀牛鸟就会飞上飞下，叫个不停，提醒它注意，犀牛就会意识到危险来临，及时采取防范措施。

非洲人很喜欢犀牛鸟忠实于朋友的品格，他们常把自己喜爱的人称之为"我的犀牛"，原来，他们把自己比作犀牛鸟啦！

萤火虫为什么闪闪发光？

你知道吗

夏天的黄昏，人们常常可以看到，萤火虫三三两两在树丛中、小河边，飞来飞去，时隐时现。那绿色的幽光，忽上忽下，忽快忽慢，闪烁飘动，仿佛天上掉下来的星星。萤火虫为什么会发光呢？

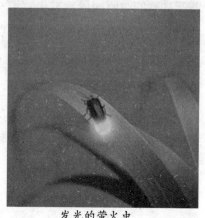

发光的萤火虫

科学原理

　　萤火虫的光有的黄绿，有的橙红，亮度也各不相同。它们发光的部分是在腹部最后两节。这两节在白天是灰白色，在黑夜才能发出光亮。

　　光是通过透明的表皮而发出。表皮下面是一些能发光的细胞。发光细胞的下面是另一些能发射光线的细胞，其中充满着小颗粒，称为线粒体。线粒体能把身体里所吸收的养分氧化，合成某种含有能量的物质。发光细胞还含有两种特别的成分：一种叫做荧光素；一种叫做荧光酶。荧光素和含能量的物质结合，在有氧气时，受荧光酶的催化作用，使化学能转化为光能，于是产生光亮。萤火虫常常一闪一闪地发光，是因为它能控制对发光细胞的氧气供应。

　　萤火虫发光的目的，除了要照明之外，还有求偶、警戒、诱捕等用途。这也是它们的一种沟通工具。不同种类萤火虫的发光方式、发光频率及颜色也会不同，它们借此来传达不同的信息。美国佛罗里达大学动物学家劳德埃发现，同一种雄萤和雌萤之间能用闪光互相联络。有一种雌萤会按很精确的时间间隔，发出"亮—灭—亮—灭"的信号，这是告诉雄萤："我在这里。"雄萤得知这个信号后，就会用"亮—灭—亮—灭"的闪光回答："我来了！"并向雌萤飞去。它们用这种"闪光语言"继续保持联系，直到雌雄相会。

　　在掌握了萤火虫的这种通讯方式以后，有的科学家开始用电子计算机模仿萤火虫的应答反应，来与这种昆虫"通话"，一旦获得成功，人们就可以指挥萤火虫的行动了。

延伸阅读

关于萤火虫，在中国古代流传着一个励志故事。

车胤是东晋的大臣。儿时，常常无钱买油点灯夜读。白天他耕作，晚上读书。一个夏天的晚上，他正坐在院子里摸黑背书，见到许多萤火虫在空中飞舞，像许多小灯在夜空中闪动，心中不由一亮，他立刻捉住一些萤火虫，把它们装在一个白布袋里，萤光就照射出来。夏天的夜晚，车胤就用这个方法来读书。车胤由于长年累月地日夜苦读，长大后终于成了一个很有学问的人。

车胤囊萤照读

为什么蜻蜓要点水?

你知道吗

夏季，当你在湖泊或水坑边玩耍的时候，时常会看到一只只蜻蜓在水面低飞，不时将尾部向下，在水面上一点一点地重复着点水的动作。"蜻蜓点水"已成为人们形容做事不深入的一句俗语。可见蜻蜓点水的现象早已为人们所熟知。然而蜻蜓为什么要点水呢？是它们在嬉戏玩耍吗？

Wuchubuzai De Kexue Congshu

科学原理

其实这是雌蜻蜓在产卵。蜻蜓通常在小河边、池塘里的水草上产卵。卵排出后，在水草上孵化出幼虫，叫做水虿。水虿要在水里过很久的爬行生活。少则 1 年，多则七八年才能羽化成蜻蜓成虫。水虿是除害虫的能手，它专吃蚊子的幼虫"孑孓"。水虿的外形有点像蜘蛛，肚子很大。当它羽化成成虫时，会攀到水草上，不吃不喝。羽化成成虫后，又短又胖的肚子变得越来越细长，原先叠在一起的翅膀也逐一展开，终于变成了像一只小飞机似的蜻蜓。可见"蜻蜓点水"是蜻蜓生活中的自然组成部分——产卵以繁殖后代。

蜻蜓点水

延伸阅读

蜻蜓通过翅膀振动可产生不同于周围大气的局部不稳定气流，并利用气流产生的涡流来使自己上升。蜻蜓能在很小的推力下翱翔，不但可向前飞行，还能向后和左右两侧飞行，其向前飞行速度可达 72 千米/小时。

此外，蜻蜓的飞行行为简单，仅靠两对翅膀不停地拍打。科学家据此结构基础研制成功了直升机。飞机在高速飞行时，常会引起剧烈振动，甚至有时会折断机翼而引起飞机失事。蜻蜓依靠加重的翅膀在高速飞行时安然无恙，于是人们效仿蜻蜓在飞机的两翼加上了平衡重锤，解决了因高速飞行而引起振动这个令人棘手的问题。为了研究滑翔飞行和碰撞的空气动

直升机的发明也受到了蜻蜓的启发

力学以及其飞行的效率，一个四叶驱动，用远程水平仪控制的机动机翼（翅膀）模型被研制，并第一次在风洞内测试了各项飞行参数。第二个模型试图安装一个以更快频率飞行的翅膀，达到每秒18次震动的速度。有特色的是，这个模型采用了可调节前后两对机翼之间相差的装置。研究的中心和长远目标，是要研究使用"翅膀"驱动的飞机表现，以及与传统的螺旋推动器驱动的飞机效率的比较等等。

蛇为什么爱吐舌头？

 你知道吗

在蛇的口中，有细长而分叉的舌，俗称蛇芯子。蛇常常一伸一缩地吐舌头，那模样真叫人害怕。蛇为什么爱吐舌头呢？

正在吐芯的蛇

科学原理

我们知道，动物的舌头通常是味觉器官，可蛇的舌头很特别，是嗅觉器官。它的上面没有味蕾，因此它不能辨别甜、苦、辣的味道。蛇的舌头常常伸出口外，是为了把空气中的各种化学分子黏附或溶解在湿润的舌面上，然后再判断遇到了什么情况。当蛇把舌头伸出来时，得到了一些物质微粒，缩回去以后，舌头就伸到了口腔前上方的一对小腔里。这个部位叫助鼻器，它与外界不相通，不能直接产生嗅觉，但是它靠舌头的帮助能实现嗅觉功能。助鼻器是由许多感觉细胞组成的，能够把化学物质这一信息通过嗅觉神经传到大脑中，经过嗅觉中枢的综合和分析，鉴别出微粒中的化学物质。经过判断，蛇就可以准确地捕获猎物了。被蛇咬伤的动物逃走时，蛇可以利用它那伸缩的舌头和灵敏的助鼻器探寻和跟踪，直到再次发现捕捉的对象，这时，蛇的猎物就难以逃脱了。

延伸阅读

为什么蛇没有脚也能爬行？

人们常用"画蛇添足"来表示"多此一举"。蛇虽然没有脚，却能行进自如，这是因为蛇的整个身体都是运动器官。蛇身虽长，但很灵活。要知道，它的脊椎有 100~400 块，相邻脊椎骨可以上下、左右弯曲。

蛇没有胸骨，它的肋骨可以前后自由活动。当肋骨上的肌肉收缩时，肋骨

蛇没有脚也可以爬行

就向前移动，带动鳞片前移，但这时只是鳞片动而蛇身不动。紧接着，肋骨上的肌肉放松，鳞片的尖端像脚一样，"踩"住了粗糙不平的地面或树干等其他物体，靠反作用力把蛇身推向前方。

有时候，蛇是依靠伸缩运动前进的。它们常常先把尾部固定住，头和颈部向前伸展，然后再用颈部"抓住"地面，身体的前面盘旋起来，这时尾部缩过去。就这样一伸一缩，蛇便前进了。这种运动方式，特别适宜于蛇在难以转身的羊肠小道上行走。

有些蛇会用蟹步横行。用这种方式行进时，蛇俨然成了横行将军——螃蟹的架势。运动时蛇头和身体另外两部分接触地面，其余部分都悬空着，蛇开始做侧向运动。对于生活在沙漠地区的蛇来说，这种运动方式有很大的优越性，蛇向前推进时，沙子被向后推压而堆积起来，这样可以防止蛇的滑动，还能增加向前的推动力。

依靠这些运动方式，没有脚的蛇照样能快速爬行，而且它们的爬行速度与龟、鳖、鳄和蜥蜴相比，一点也不逊色。

04

玉兰花为什么先开花后长叶？

阳春三月，街道两旁洁白如玉的玉兰花竞相开放，给路人带来阵阵幽香，细心地你一定发现了，此时的玉兰花高大的身躯上却是光秃秃的，没有树叶，这是为什么呢？原来这里面包含着我们所不知道的生物学知识呢！

其实除了让人赏心悦目的玉兰花，走进纷繁多姿的植物王国，我们还能处处发现科学的踪迹，含羞草为何"害羞"、爬山虎为何"爬"得那么高、笑树怎么会笑得花枝乱颤……凡此种种，都需要科学家为我们一一作答！

玉兰花为什么先开花后长叶？

你知道吗

一般的植物都是先长叶后开花，而有些植物却与众不同。在春寒料峭的时候，它们的枝头还是光秃秃的却已含苞怒放了。例如，腊梅、玉兰花和迎春花就是这样的植物。玉兰花盛开时，花瓣展向四方，使庭院青白片片，白光耀眼，具有很高的观赏价值；再加上清香阵阵，沁人心脾，实为美化庭院之理想花种。你知道玉兰花为什么先开花后长叶吗？

先开花后长叶的玉兰花

科学原理

不同的植物有不同结构的芽，一种是发育为营养枝的叫叶芽，一种是里面有花或花序的雏形叫花芽，还有一种是发育为枝但又有花或花序的叫混合芽。每一种植物的各个器官的功能，对气温都是有它的特殊要求的。玉兰花的花芽与叶芽是分开的。花芽大，生长在枝顶，在低温下即可开花，因此在头年的冬季就可以在枝头看见它。等到春天稍暖和的时候，花芽就逐渐长大起来而开花。但对叶芽来说，这种气温还是太低，没有满足它生长需要，因而仍然潜伏着，没有长大。随着温度逐渐升高，到了满足它生长需要的时候，叶芽才慢慢长大。因此，玉兰花就形成先开花后长叶的现象。

延伸阅读

关于玉兰花，在中国民间有一个美丽动人的传说。

很久以前，在一处深山里住着三个姐妹，大姐叫红玉兰，二姐叫白玉兰，三姐叫黄玉兰。一天她们下山游玩却发现村子里冷水秋烟，一片死寂。三姐妹十分惊异，向村子里的人询问后得知，原来秦始皇赶山填海，杀死了龙虾公主，从此，龙王爷就跟张家界成了仇家，龙王锁了盐库，不让张家界人吃盐，终于导致了瘟疫发生，死了好多人。三姐妹十分同情他们，于是决定帮大家讨盐。然而这又何等容易？在遭到龙王多次拒绝以后，三姐妹只得从看守盐仓的蟹将军入手，用自己酿制的花香迷倒了蟹将军，趁机将盐仓凿穿，把所有的盐都浸入海水中。村子里的人得救了，三姐妹却被龙王变作花树。后来人们为了纪念她们就将那种花树称做玉兰花，而她们酿造的花香也变成了她们自己的香味。

故事很简单，也很唯美，却也反映了人们对美好事物的追求、对完美的向往。

韭黄和蒜黄是怎么培育出来的？

你知道吗

韭黄、蒜黄是人们经常吃的蔬菜，它们的营养极为丰富，蛋白质、脂肪、糖类、矿物质钙、磷、铁，维生素 A 原、维生素 B_1、维生素 B_2、维生素 C 和食物纤维等的含量超过白菜、油菜、包菜、芹菜、莴苣等叶类菜和所有的瓜茄类蔬菜，你知道它们是怎么培育出来的吗？

蒜黄

韭黄

科学原理

这个问题涉及植物叶绿素合成时的条件问题。

叶绿素是光合色素中最重要的一类色素。绿色植物的叶绿体中有四种色素，绿色植物只有在光照下才能合成叶绿素。韭黄、蒜黄是在黑暗条件下培育出来的，因为植物此时不能合成叶绿素，只能长成黄化苗，而黄化苗的薄壁细胞比较多，所以吃起来比较嫩，口感比韭菜、蒜苗好一些。但要注意，植物不能长期处于无光条件下，这个道理我们应该明白。

叶绿素的形成除了有光照之外，还与什么因素有关呢？叶绿素是一种较复杂的有机化合物，其中心存在一个镁离子，因此叶绿素的形成还与镁这种矿质元素有关，没有镁，叶绿素也是形成不了的。

延伸阅读

秋天的绿叶为什么会变色?

所有的树叶中都含有绿色的叶绿素，树木利用叶绿素捕获光能并且在叶子中其他物质的帮助下把光能以糖等化学物质的形式存储起来。除叶绿素外，很多树叶中还含有黄色、橙色以及红色等其他一些色素，虽然这些色素不能像叶绿素一样进行光合作用，但是其中有一些能够把捕获的光能传递给叶绿素。在春天和夏天，叶绿素在叶子中的含量比其他色素要丰富得多，所以叶子呈现出叶绿素的绿色，而看不出其他色素的颜色。

当秋天到来时，白天缩短而夜晚延长，这使树木开始落叶。在落叶之前，树木不再像春天和夏天那样制造大量的叶绿素，而且已有的色素，比如叶绿素，也会逐渐分解。这样，随着叶绿素含量的逐渐减少，其他色素的颜色就会在叶面上渐渐显现出来，于是树叶就呈现出黄、红等颜色。

黑色的花为什么很少见?

你知道吗

大自然中的花朵万紫千红。然而，在色彩斑斓的花海中，我们很少见到黑色的花朵，这是为什么呢?

科学原理

黑色的花很少见，其因有三：

一是与光的特性有关。光的波长不同，所含热量也不同：红、橙、黄光的波长长，含热量高；蓝、绿光的波长短，含热量少。红、橙、黄花反射了含热量高的长光波，可生长在阳光强烈的地方；蓝花反射短光波。因此，它们的花瓣都不致引起灼伤。而黑花能吸收全部的光波，热量过高，花组织易受到伤害，经过长期的自然淘汰，黑花便消失了。

黑色的三色堇

二是与昆虫习性有关。自从被子植物出现后，昆虫也繁殖起来。许多植物靠昆虫传粉受精。与其他颜色的花相比，黑花不醒目、不鲜艳，不大容易吸引昆虫，难以完成传粉受精过程，不利于传宗接代。因此，从进化角度看，黑花容易被淘汰。

三是与花瓣内的化合物成分有关。植物的细胞液内都含有由葡萄糖变成的花青素，花朵呈现出的颜色与花青素的特性有关。花青素在酸性时，呈现红色，且酸性越大色越红；在碱性时，呈现蓝色，碱性较强则成为蓝黑色，如黑牡丹、墨菊等；在中性时，呈现紫色。此外，还有一种色素为胡萝卜素，它一般呈黄色、橘黄色、橘红色、红色。至于白花，则细胞液内不含色素。也许是长期自然淘汰的结果，细胞液内表现为黑色的化合物较少存在。

正是由于以上这些原因，使黑色的花很少见到。

延伸阅读

在姹紫嫣红的众多郁金香品种中，黑色郁金香别具一格，有着一种高傲的美，很引人注目。它在大仲马的笔下被誉为"黑寡妇"，曾经"艳丽得叫人睁不开眼睛，完全透不过气来"。要成功地培育出黑色郁金香花，

黑色郁金香

一般需用 15 年左右的时间。正因为如此，这一新品种堪称身价百倍的稀世珍宝。荷兰有一位园艺家曾经花了近 20 年的时间培育出一种郁金香，它的花色非常接近纯黑，真可谓来之不易。

关于黑色郁金香，海外流传着这样一个故事：17 世纪的荷兰，有一位对花卉情有独钟的鞋匠。他业余时间栽花、浇水、剪枝、施肥和灭虫，忙个不停。经过数十年的努力，这位富有创造性的鞋匠，精心培育出一朵黑色的郁金香花，在当地引起轰动。他为此感到骄傲和自豪，对自己的"杰作"珍爱有加。

消息传出，参观者络绎不绝，甚至有人前来求购。几番讨价还价之后，双方谈妥 5000 荷兰盾的价格。令人意想不到的是，买花人成交后不是对黑郁金香花爱不释手，反而将其置于地上，狠狠地用脚践踏之。

"先生，太不像话了，您为什么要这样做？"鞋匠大发雷霆地责问道。

"理由很简单！"买主解释说，"经过千辛万苦，我也好不容易培育出一朵黑色的郁金香花。为了在世界上独自拥有，一花独秀，唯一的办法就

是买下您的黑郁金香,然后将其毁掉。即使您标的价是 1 万甚至 2 万荷兰盾,我也照买不误。"

鞋匠听后,自然懊悔不已,想不到黑花竟然有如此珍贵,真是"花以黑为贵"了。

 # 为什么大多数水果是圆球形?

 ## 你知道吗

现在市面上卖的水果品种十分丰富,桃子、苹果、梨子、李子……如果你善于观察,就会发现它们都近似圆球形。

为什么大多数水果都是圆球形呢?

大多数水果都是圆球形

科学原理

一般认为,圆球形水果比较能忍受风吹雨打。因为外表形状是圆球形的，所承受的风吹和雨打的力量比较小；另外，圆球形的水果表面积小，水果表面的蒸发量也就小，水分散失少，有利于水果果实的生长发育；再者，表面积小使得害虫的立足之处也少了，得病机会少了，成活率就高。相反，如果水果长成正方形，或其他不规则形状，水果表面积大，就会受到较大的风和雨的作用力；就会散失较多的水分；就会受到较多害虫的侵袭。这样，它的成活率就低。

圆球形水果长大成熟的多，其他形状的水果死去的多。长期这样，其他形状的水果被淘汰了，保留下来的水果都是圆球形。这是自然界长期自然选择的结果，正是"适者生存，不适者淘汰"。

延伸阅读

我们常常发现现在市面上卖的苹果表面长有字，这是怎么回事呢？

1. 苹果贴字的原理。苹果的着色必须有阳光照射，如果某种不透光的物体在果实表面挡住了阳光，该部位果面就显示原始色（绿色或黄色）。依据这个原理，把字模贴在苹果表面，待苹果充分着色后再取下字模，使字模在果面造成的色差部分与果面着色部分产生对比，看上去字就像"长"在果面上一样了。

长字的苹果

2. 贴字苹果的选择。要选外围向阳的，果面光洁、果形端正的大果。选择经济价值高的苹果品种，如红富士、红王将、新红星等，并要求果形端正、高桩，单果重 200 ~ 250 克左右。

3. 自制图案。一般用透光性差或不透光的牛皮纸。

4. 字模选择。一种是不干胶字模，在果面上形成的贴字为黄字红边，即实字，一般一果一字，因其本身带胶，不需要其他黏合剂，随贴随揭，应用十分方便。另一种是塑料薄膜字模，在果面上形成的贴字为红字黄边，即漏字，它有一棵一字和一果四字两类，本身无胶，一般用医用凡士林，但最好用黏性强的稀米汤粘贴。字模粘贴后第二天，必须及时进行检查，如发现翘边，不干胶纸字模可用大拇指压实；塑料薄膜字模，用少许稀米汤或凡士林油补粘。

为什么竹子长得特别快？

你知道吗

有一位小朋友，曾经遇到这样一件事情：早晨，他将自己的帽子戴在一根刚出土不久的竹子顶上。当下午放学回家时，他跑到竹林里一看，竹子将帽子顶得高高的，即使他踮起脚也拿不着了，为什么竹子长得这样快呢？

科学原理

植物中，竹的生长速度堪称冠军，有些竹的空心茎每天可长 40 厘米，完全成长后的高度可达 35～40 米。竹之所以长得这么快，是因为它的许多部分都在同时生长。

竹子

一般植物都是依靠顶端分生组织中的细胞分裂、变大而生长的。但竹却不一样，它的分生组织不仅顶端有，而且每一节都有。我们挖取一只竹笋来看，将它一劈为二，可以发现里面的竹节都连得很紧，好像一只压缩的弹簧。当它钻出肥沃的土壤，遇到温暖、湿润的天气时，每一节的分生组织不断产生新的细胞，相邻竹节间的距离就会逐渐拉长。如果每根竹笋有 60 节的话，那么它的生长速度就是其他植物的 60 倍。随着竹的不断长大，竹节外面包裹的鞘就会脱落，竹就停止生长了。

延伸阅读

绝大多数的树木随着树龄的增长，树干会越长越粗。例如毛白杨，刚栽下的树苗细得只有大拇指那么粗，经过 10 多年的生长，就能长得很粗了。世界上最粗的树木直径可达 12 米之多。

竹子也是一种木本植物，也能生长多年，但它长出地面以后，就不再往粗里长了，树龄再大也只能那么粗了。这是为什么呢？因为竹子与椰子等都属于单子叶植物，而大多数树木属于双子叶植物或裸子植物，如杨、柳、松、柏、银杏等。单子叶植物和双子叶植物与裸子植物茎的构造不同，最主要的区别是绝大多数单子叶植物的茎内没有能进行分裂的细胞层——形成层。

双子叶植物和裸子植物的茎内，在木质部的外方和树皮之间夹着一层形成层。形成层每年都进行细胞分裂，增加新细胞，使茎一年年加粗；而单子叶植物的茎内没有形成层，只是在刚长出的时候，由于细胞的长大能增粗一些，长到一定程度后就不能长粗了。最粗的竹子可算是江西奉新县的一棵大毛竹了，齐眼眉的地方粗 58 厘米，接近地面处粗 71 厘米，可算是竹之王了。

树干为什么呈圆柱形？

 你知道吗

只要你平常对周围的树木稍加注意，就会知道不同种类的树木，它们的树冠、叶子、果实的形状变化多端，几乎不可能找出它们的共同特点来。有时就是在同一种类中也有很大的变异。可是，当你把视线转移到树干和枝条上去时，马上就会发现：几乎所有的树木树干都是圆的，圆柱形的树干有哪些好处呢？

 科学原理

首先，几何学告诉我们，圆的面积比其他任何形状的面积要大，因此，如果有同样数量的材料，希望做成容积最大的东西，显然，圆形是最合适的形状了。怪不得人们把用以输送煤气的煤气管，用以输送自来水的水管，都做成圆管状的，实际上这是对自然现象的一种仿造。

其次，圆柱形有最大的支持力。树木高大的树冠，它的

我们身边见到的树干几乎都是圆的

重量全靠一根主干支持。有些丰产的果树结果时，树上还要挂上成百上千斤的果实，如果不是强有力的树干支持，哪能吃得消呢？树木结果的年龄往往比较迟，有些果树，如核桃、银杏等常需要生长十多年，甚至几十年才开始结第一次果实。在这一段漫长的时间里，它们主要的任务首先是建造自己的躯体，这需要耗费大量的养分，如果不是采用消耗材料最省而功能最大的结构，就会造成浪费，使结果年龄推迟，树木本身繁衍后代的时间也拉长了，这对树木来说是不利的。

再说，圆柱形结构的树干对防止外来伤害也有许多好处。树干如果是正方形、长方形、圆以外的其他形状，那么，它们必定存在着棱角和平面。有棱角的存在是最容易被动物啃掉的，也极容易摩擦碰伤。

另外，树木是多年生植物，在它的一生中不免要遭到风暴的袭击，由于树干是圆柱形的，所以，不管任何方向吹来的大风，很容易沿着圆面的切线方向掠过，受影响的就仅是一小部分了。

一切生物都在进化的道路上前进着，它们躯体的特点总是朝着对环境最有适应性的方向发展，圆柱形树干也是对环境适应的结果。

 延伸阅读

为什么树怕剥皮？

树皮的作用除了能防寒、防暑、防止病虫害之外，主要是为了运送养料。在植物的皮里有一层叫做韧皮部的组织，韧皮部里排列着一条条的管道，叶子通过光合作用制造的养料，就是通过它运送到根部和其他器官中去的。有些树木中间已经空心，可是仍有勃勃生机，就是因为边缘的韧皮部存在，能够输送养料的缘故。如果韧皮部受损，树皮被大面积剥掉，新的韧皮部来不及长出，树根就会由于得不到有机养分而死亡。俗话说"人怕伤心，树怕剥皮"，道理就在这里。树皮不仅可以吸附环境中的许多有毒物质，而且还是一员优良的监测大气的尖兵，可以从历年来树皮吸附的有毒物质多少来监测大气环境的污染情况。

一棵树的树皮若被破坏，有机物便无法通过树皮中的筛管输送到根，根就会死亡，导致整棵树的枯萎。因此，剥树皮剥走的不仅是一棵树的树皮，而是整棵树的生命。

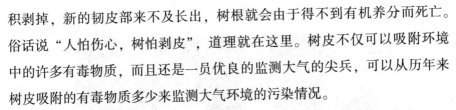

水仙为什么只养在水里就能开花呢？

你知道吗

水仙花朵秀丽，叶姿秀美，花香浓郁，亭亭玉立水中，有"凌波仙子"的雅号，而且水仙只用清水供养而不需土壤来培植。人们赞誉水仙一青二白，所求不多，只清水一盆。那你知道为什么水仙只养在水里就能开花吗？

科学原理

水仙的鳞茎好似大蒜头，每一鳞片都积累有许多的糖和营养物质。一个水仙头要培养 3 年才能长成，长成的水仙头，鳞片里已经积累了很多的养分，在鳞片间还长出了花芽，所以，当我们把水仙球泡在水里后，不需要加什么营养就会抽出花葶开花。不过，有的水仙头培养的时间不够，或者是照料得不好，里面就会没有花芽，这样的水仙头表面上看不出什么差别，将来却只会长叶不会开花。

水仙花

延伸阅读

  一般的花卉都是栽培在土壤或泥炭等基质上，经过园艺学家们的努力探索，发展出了植物的水培技术，栽培植物已经可以不需要土壤而直接在水中进行生长了。水养花卉正是在这些技术发展下兴起的花卉栽培和欣赏方式。所谓水养花卉，简单地说就是直接用营养液（或清水）而不用土壤或基质来培养的花卉培养和欣赏的方法，用这种方法培育的花卉通常叫做水养花卉。盆栽花卉是目前家居美化和欣赏的主要方式，由于用土壤或基质进行栽培，有管理烦琐、容易滋生病虫害、笨重等缺点；水养花卉则具有清洁、高雅、易于养护、生命力强等特点，又可集赏花、观根、养鱼于一体，令人赏心悦目。水养花卉既是百姓居家生活中绿化、美化的绝佳装饰观赏品，又广泛应用于各类公共场所的室内装饰，更是一种最具时尚的馈赠礼品。然而，并不是说将植物简单地插入水中培养就叫水培或水养花卉，真正意义上的水养花卉是指已适应水生条件，能形成在水中正常生长的水生根系，植株健康且能长期培养并观赏的花卉。

为什么藕断丝连？

 你知道吗

"秋风起，藕节肥。"当我们折断藕特别是嫩藕的时候，在折断的地方，可以看到有许多长长的细丝连在一起，这就是藕丝。成语中的"藕断丝连"，说的就是折不断的藕丝。为什么藕断后丝仍然相连呢？

 科学原理

藕断丝连

原来，植物体内有一种叫导管的运输系统，是专门用来运送水和溶于水中的无机盐的。藕是莲的地下茎，深埋在泥泞的池塘中。藕中导管的内壁上有一层叫次生壁的组织，形成环形和螺旋形的花纹，有维护导管的作用。其中，螺旋形花纹的木质纤维素，具有一定的弹性。藕被折断时，螺纹导管会像弹簧一样被拉长而不断，这就是藕丝。在显微镜下，我们会发现，藕丝不是圆柱形的，而是扁平如带。每一根藕丝都是由 3~8 根细丝组成的。它们像弹簧一样螺旋状地盘曲着，可以拉长，一放手又会缩短。

其实，不光藕中有丝，莲的其他部分，如叶、叶柄、花梗、花瓣、莲蓬等折断以后，也有细丝相连，只不过有些细丝极其微小，无法与藕丝相比。

延伸阅读

藕里面为什么有很多圆孔?

藕是一种美味的食物,既可以煮汤,又可以凉拌。但除了吃,人们对藕又知道多少呢?事实上,藕一点都不神秘,它就是荷花的茎。不过,相对其他植物的茎,藕就显得非常的与众不同了,这是因为藕里面有很多圆圆的小孔道。原来,荷花是生长在池塘中,它的根和茎都埋在厚厚的烂泥巴里,无法获得充足的空气供呼吸之用。因此,荷花必须利用水面上的荷叶来吸进空气,再经由叶柄把空气传送到茎部——也就是藕里,并储存

藕是荷花的茎

在藕的圆孔道中,以利根茎进行呼吸作用。

 # 香蕉的种子在哪里?

你知道吗

在植物界里,有花植物开花结子是自然规律。香蕉是有花植物的一种,每只香蕉都是由花序上的一朵花发育而来的,花的子房发育成果实,

子房里的胚珠应该发育成种子啊,可香蕉果实中的种子哪儿去了呢?

科学原理

原来,香蕉的类型很多,根据细胞染色体组的数目,可分为二倍体、三倍体和四倍体3种。我们吃的香蕉,多是三倍体类型。这种香蕉的细胞内有3组染色体,每组11个。在形成雌雄性细胞(即精子和卵子)时,细胞要进行一种特殊的分裂(即减数分裂),由于这3组染色体不能平均分配,形成有效的性细胞,因此不能正常受精。这样,凡是具有3组33个染色体的香蕉,就不产生种子。

其实,我们平常吃的香蕉果肉里,那一排排褐色的小点,就是没有得到正常充分发育而退化的种子。由于香蕉的种子退化了,人们常通过香蕉地下的根蘖幼芽来繁殖它的后代。但是野生香蕉的果实内仍可发现颗粒状的种子。

香蕉

香蕉树

延伸阅读

在热带,香蕉树到处可见,蕉叶婆娑,碧绿一片。

树上的香蕉还绿、还硬,人们就把它摘下来,要是等到它变黄、变软,那运输起来就麻烦了，摘下以后，过了些时候，香蕉自然会由绿变黄。

俗语说："无心插柳柳成荫。"当你把柳枝从柳树上攀下来时，枝上的细胞并没有死，插到地上，它会生根发芽。同样的，在摘下来的绿香蕉中，它的细胞仍然活着，这些细胞，会分泌出各种酶素。

在香蕉的表皮细胞中，含有叶绿素与叶黄素。香蕉没成熟时，叶绿素掩盖住了叶黄素的黄色，所以香蕉看上去是绿色的。待放了些时候，细胞中分泌的酶素与叶绿素发生化学变化，破坏了叶绿素，绿色消失。这样，叶黄素的黄色便显现出来了，香蕉也就换上了一件黄色的新装。

秋天，落叶由绿变黄，也是这个道理。

香蕉挨了冻，或者皮被碰伤、碰破时，常常会出现黑色的斑点，看去像块金钱豹的皮。这却又是另一场化学变化。原来，香蕉表皮细胞中，还含有一种氧化酶素。平时，它被细胞膜严密地包裹着，不与空气接触，正如你夏天躺在蚊帐里一样，不受蚊子的打扰。但是，一旦受冻、碰伤，细胞膜破了，那氧化酶素就流出来了，与空气中氧气发生氧化作用，结果生成一种黑色复杂的产物。

梨子、橄榄之类碰伤发黑，也是这个道理。

铁树为什么不易开花？

 你知道吗

"铁树开花"是个成语，比喻非常罕见或者非常难以实现的事情。民间有"铁树能开花，哑巴会讲话"、"千年铁树开了花"等俗谚。铁树开花就真的那么难吗？

科学原理

植物学家告诉我们,铁树开花有很强的地域性。生长在热带的铁树,10 年后就能年年开花结果。生长在亚热带甚至温带的铁树,也有不少是连年开花的,也有隔年或隔一两年开花一次的。但是,在我国北方的铁树却极难开花。因为铁树长期以来已适应了热带气候,养成了

铁树

喜欢湿热、喜爱阳光的习性。我国北方气候寒冷,雨量又少,所以铁树到北方后生长速度很慢,几十年只长到 1 米左右,而不像在广东,可长到 4 ~ 5 米高,更不像在东南亚,可长到 20 米高。生长在北方的铁树往往需要几十年甚至几百年才能开花,有的终生不开花,所以在北方,铁树开花是一桩罕见的事情。

铁树开花

延伸阅读

铁树,也叫苏铁,是一种热带植物,喜欢温暖潮湿的气候,不耐寒冷。在南方,人们一般把它栽种在庭院里,如果条件适合,可以每年都开花。如果把它移植到北方种植,由于气候低温干燥,生长会非常缓慢,开花也就变得比较稀少了。

在我国的四川省攀枝花市,有一大片天然的铁树林,至少在 10 万株以上。这里的铁树一旦长成,雄铁树每年都开花,雌铁树一两年也要开一次。

当地举办了一年一度的"苏铁观赏节"，到这里旅游的中外人士对此赞不绝口。

相传铁树的生长发育需要土壤中有铁成分供应，如果它生长情况不好，在土壤中加入一些铁粉，就能使它恢复健康。有些人干脆把铁钉直接钉入铁树的体内，也能起到很好的效果。或许，这便是铁树名称的由来吧！

近年来，不断有铁树开花的消息见诸报端，这是因为铁树大多被当做盆景培养。人们在培养铁树的各个环节中都非常讲究，从幼苗培育到栽培技术再到日常照顾都非常细心、认真，具体到选择高科技肥料，使用适宜的水量等等，生长在温室中的铁树自然容易开花结果。而且，铁树是裸子植物，到达一定的树龄，自然会开花，不开反而不正常。

为什么玉米棒子上的籽粒行数总是双数？

你知道吗

我们都见过收获后的玉米棒子，也吃过煮玉米。不知你留心了没有：不管玉米棒子是长还是短，是粗还是细，不管是黄粒的，还是白粒的，只要你数一数上面的籽粒行数，就会发现籽粒行数总是双数。这是怎么回事呢？

科学原理

玉米棒子本身是一个大花穗，上面

玉米棒子

不是直接长小花，而是长满了许许多多小穗，小穗中才生有小花。我们见到的长长的玉米"胡子"，就是玉米小花的花柱，花粉落在它上面，小花才能受精结实。在玉米大花穗上，总是成双成对地生出小穗，并且左右平行排列，绝不会上下排列。每个小穗中都生有两朵小花，而在发育过程中，其中一朵小花退化，另一朵小花发育良好，最后结出籽粒。这样由于小穗成对，结出的籽粒也就是成对的，所以玉米棒子上的籽粒行数总是双数的。你若不信，有机会的时候可以亲自数一数籽粒行数是不是双数的。

延伸阅读

彩色玉米作为一项新兴的种植业，近年来正在我国大江南北悄然兴起。由于彩色玉米营养成分比普通玉米高，加之种植方法简单，又宜于鲜食和加工，经济效益一直是普通玉米的几倍甚至十几倍。因此，彩色玉米的种植与加工，被专家誉为中国未来具有广阔开发利用前景的农业项目之一。比如巴西五彩粘玉米，是从巴西单穗引进系统选育而成的新型

彩色的玉米

粘玉米。最大特点是自然分色，种时种子为黑红色，待青玉米成熟后即变成黑、白、黄等颜色相间美丽多彩的玉米，让人既惊奇又喜爱，食用香粘可口、风味独特，抢早栽培 85 天左右即可上市，效益十分可观。

爬山虎靠什么才爬那么高的呢?

你知道吗

爬墙虎，又名爬山虎，是一种非常常见的藤蔓植物，比较古老的房子、防洪堤上都有这种藤蔓植物。赤日炎炎的夏天，在外奔走、累得汗流浃背的人们，猛一抬头看到墙上的爬山虎，绿油油的叶子遮满整堵的墙壁，便觉得精神为之一振。确实，爬山虎替人们遮住了阳光，给喧嚣的城市增添了几许绿意，不愧是绿化环境的"功臣"。

爬山虎

爬山虎靠什么才爬那么高的呢?

科学原理

爬山虎爬墙靠的是吸盘。爬山虎的吸盘长在卷须上，能分泌极黏的黏液。爬山虎就靠这吸盘，像壁虎一样，紧紧趴在墙上。

在植物分类学上，爬山虎属于葡萄科。全世界葡萄科植物大约有700种，只有70种左右不长卷须。但是，在长卷须的葡萄科植物中，像爬山虎那样，以吸盘形式吸附在墙上往上攀爬的，确实也不多见。爬山虎吸盘分泌的黏液凝固以后，牢牢地粘在墙上，扯都扯不下来。

爬山虎的吸盘吸得那么牢，以至于要扯下它，先得把它的茎扯断。所以，爬山虎能够成功地抵抗狂风暴雨的袭击一直向高处爬去。

延伸阅读

爬山虎属于典型的攀缘植物，其实它的近亲有很多，比如常青藤、龟背竹等，它们都是爬墙高手。原产于墨西哥的龟背竹属于多年生常绿攀缘性藤本植物，多附生于热带雨林的树上。在它粗壮的绿色主茎上，生有许多黑褐色的气生根，这些不定根就是它们攀缘树干的好帮手。龟背竹靠这些气生根可以顺着光滑的水泥墙壁，爬上四五米高的墙壁。

爬墙高手爬山虎和龟背竹

含羞草为什么"害羞"？

你知道吗

含羞草是一种豆科草本植物。它白天张开如羽毛一样的叶子，等到晚上就会自动合上。有趣的是你在白天轻轻碰它一下，它的叶子就像害了羞一样，悄悄合拢起来。你碰得轻，它动得慢，一部分叶子合起来；你碰得重，它动得快，在不到 10 秒钟的时间里，所有的叶子都会合拢起来，而且叶柄也跟着下垂，就像一个羞羞答答的少女，所以人们管它叫"含羞草"。

含羞草为什么会动呢？

含羞草

科学原理

大多数植物学家认为，这全靠它叶子的"膨压作用"。在含羞草叶柄的基部，有一个"水鼓鼓"的薄壁细胞组织，名叫叶枕，里面充满了水分。当你用手触动含羞草，它的叶子一振动，叶枕下部细胞里的水分，就立即向上或两侧流去。这样一来，叶枕下部就像泄了气的皮球一样瘪了下去，上部就像打足了气的皮球一样鼓了起来，叶柄也就下垂、合拢了。在含羞草的叶子受到刺激合拢的同时，会产生一种生物电，把刺激信息很快扩散给其他叶子，其他叶子也就跟着合拢起来。过了一会儿，当这次刺激消失以后，叶枕下部又逐渐充满水分，叶子就会重新张开，恢复原来的样子。

延伸阅读

除了含羞草，植物的世界中有许多奇异的小草。

照明草　冈比亚南斯朋草原上有一种灯草，叶面上有银霜似的晶珠，晚上闪闪发光，照得周围很清晰。当地居民把它移植到家门口当做"路灯"。

流泪草　这种草会"哭"出泪珠，但泪含甜味，吸引小虫前来叮爬而被粘住，草叶便慢慢"消受"上了当的猎物。

蝇草　这种草的叶子能分泌香甜的粉液，蚊蝇落上时，便自动卷合食之，故此草名闻世界。

石碱草　这种草的根块内含有皂角碱性物质，溶于水中能起泡沫，与肥皂相似，可用来洗涤。

喜猫草　这种草的叶为白斑圆形，初夏开白花。它对人无任何影响，但对猫科动物的神经有奇效。得此草者，猫群会自动跟随，依依可人。再凶的野猫，也会变得温顺可爱。日本的动物学家正在研究此草能否驯虎，因虎同属猫科类动物。

石头草　在美洲的沙漠中，有一种小石草，因其全身像河滩里的小圆石而得名。它的两片对生的叶子极像鹅卵石。这种草杂生在许多真正的石头中间，因而人畜往往难以分清是石头还是草。

石头草

"指南草"为什么能指南？

你知道吗

如果你到广阔的内蒙古大草原旅游，那里美丽的草原景色迷住了你，你不幸迷了路，正在那儿放牧的蒙族牧民一定会告诉你："只要看看'指南草'所指的方向就知道路了。""指南草"是人们对内蒙古草原上生长的一种叫野莴苣的植物的俗称。为什么"指南草"会指南呢？

指南草

科学原理

原来，在内蒙古草原上，草原辽阔，没有高大树木，人烟稀少，一到夏天，骄阳火辣辣地烤着草原上的草。特别是中午时分，草原上更为炎热，水分蒸发也更快。在这种特定的生态环境中，野莴苣练就了一种适应环境的本领。它的叶子长成与地面垂直的方向，而且排列呈南北向。这种叶片布置的方式有两个好处：一是中午时（即阳光最为强烈时）可最大限度地减少阳光直射的面积，减少水分的蒸发；二是有利于吸收早晚的太阳斜射光，增强光合作用。科学家们考察发现，越是干燥的地方，生长着的"指南草"指示的方向也越准确。其中的道理是显而易见的。

延伸阅读

奇 草 大 观

测酒草　巴西亚马逊河流域生长着一种奇特的"测酒草"。它对酒精的气味特别敏感，凡是饮酒过多的人走近，浓烈的酒味就会使它枝垂叶卷，几近萎谢之状。当地警方常用这种草测试那些酗酒开车的人。

抗旱草　在南非荒漠地带有一种草，茎很矮，外表有不规则的花纹，全身像一只乌龟壳，故名"乌龟草"。由于它生长的地方经常缺少雨水，所以它只好通过透水性能差的"乌龟壳"来抗旱。有趣的是，在下雨时，它能很快地从"乌龟壳"上抽出一根绿色的长茎，吸收水分，开花结果，繁衍后代。

醉人草　埃塞俄比亚有一种醉人草，茎高一尺多，叶片上的小孔分溢出脑油，香味浓烈沁人心脾。人若嗅上一会儿，便会身热心跳，面红耳赤，如同喝醉酒一般。如果人在醉人草旁坐上一刻钟，便会烂醉如泥。

　　跳舞草　印度生长着一种跳舞草。这种跳舞草可供人观赏，即使在无风的情况下，它的呈弧形的两个叶片也会像钟表指针一般，回旋不息地运动。到了夜间，较大的叶片停止活动，但较小的叶片仍在翩翩起舞，十分可爱。有关学者研究后指出，这种植物的舞姿实际上是一种自卫行为，以此驱赶来犯的动物。

植物也能吃动物？

你知道吗

　　想象一下，你正在美国南卡罗来纳州的大片沼泽中探险，看见一只个子挺大的苍蝇，正围着一株模样特别的植物飞旋，还发出讨厌的嗡嗡声，这株植物只有几十厘米高。过了一会儿，苍蝇停在植物的叶子上。突然，叶子的两边合到了一起，将苍蝇夹在中间。你感到万分惊奇，双眼一眨不眨地紧盯着这片叶子。过了一段时间，叶子慢慢地舒展开来，里面的苍蝇只剩下一丁点躯壳，它被叶子给吃了！为什么植物能吃动物呢？

捕蝇草

科学原理

　　这种吃苍蝇的植物叫捕蝇草，它还有个好听的名字——维纳斯。捕蝇草是最著名的食虫植物。捕蝇草的叶子大多是圆形的，每片都分成两个裂片，边缘有尖锐的刚毛，每一裂片上还有三条感觉敏锐的刚毛。当苍蝇和其他小虫落到叶片上，触动了这些刚毛，叶子就知道自己用餐的时候到了。这时，两面的裂片就像安了弹簧似的，突然闭合起来，将猎物夹住。这和我们常见的捕鼠器十分相似。在捕蝇草的叶面上还有能分泌消化液的腺体存在，一旦抓住苍蝇等昆虫，消化液就会大量地分泌出来，将昆虫柔软部分都消化吸收。等吃饱喝足后，叶片又会自动张开，等待它的下一餐美食。

　　不过，捕蝇草也有吃饱的时候。如果一片叶子昆虫吃得太多，它也会撑得受不了，枯萎而死。非常有趣的是，一些小甲虫在捕蝇草设的陷阱中却能死里逃生，因为叶片分泌的消化液无法渗进甲虫那硬硬的壳甲中去。

　　捕蝇草为什么要吃昆虫呢？主要因为它需要以此来补充氮。所有的植物都依靠氮而生长，捕蝇草无法从土壤中获取足够的氮，便转而从昆虫身上获取所需的氮养料了。对此我们也很难说长道短。

延伸阅读

　　另一种吃昆虫的植物名叫猪笼草，它捕虫的策略和捕蝇草完全不同。这种植物的叶片顶端挂着一个灯笼样的囊状体，上面还有个小盖，盖的底下是蜜腺，能分泌出甜甜的蜜汁。在囊里盛着雨水以及腺体分泌出的消化液，

猪笼草正在猎食

当昆虫飞来吸蜜落入囊内，即被消化液消化吸收。这种猪笼草在印度、澳大利亚和中国的南方都有生长，它还常被人们用来作观赏植物。

在有些地方的热带雨林中，还生长着一种和猪笼草很相似的植物，只是植株要大得多。它不仅能吃昆虫，还能吃掉老鼠和鸟。

著名的科学家达尔文对吃动物的植物非常入迷，曾花费大量的时间去研究它们。他的一个朋友曾送给他 39 片捕蝇草的叶子，达尔文在这些叶子上一共找到了 142 只被牢牢粘在叶面上的死的昆虫！要知道，捕蝇草的叶子能分泌出一种很黏的液汁，昆虫一旦飞落到它上面，便会立刻被粘住，成为捕蝇草的一顿美餐！

所以，你要是看见一头母牛在啃食青草，或者看见一群羊羔在草地上蹦蹦跳跳，你用不着为那些植物叫屈，因为有些植物完全能在动物身上报仇！

枫叶为什么会变红？

你知道吗

每当秋菊绽黄，白露结霜的时节，住在北京的人们会很自然地想起那遍布在西郊香山上的经霜红叶。正如诗人所吟咏的："停车坐爱枫林晚，霜叶红于二月花。"红叶究竟是些什么树的叶子？为什么能在凋落的前夕变红呢？

香山红叶

科学原理

　　许多人知道枫树的叶子到秋天会变红，其实秋天变红的不一定都是枫叶，各种枫树的叶子也不是都会变红。在我国秋季常见的红叶树，除大部分是槭树属的树种外，还有枫香、乌桕和若干漆树科树种，如野漆树、盐肤木、黄连木、黄栌等。北京香山的红叶树主要是黄栌。这种树的叶片几乎是圆形的，边缘很光滑，平时也不很惹人注意，可是在落叶前的二十多天里，却一变而呈现鲜红色，漫山遍野，十分美丽。

　　秋天绿叶变红，有内外两方面的因素。使叶片呈现红色的主要靠两种物质：一种是胡萝卜素，是普遍存在于叶绿体中的橙红色色素，另一种是花青素，存在于液泡内的细胞液中，当细胞液为碱性时，花青素呈蓝紫色，当细胞液呈酸性时，花青素呈红色。入秋以后，黄栌叶内的花青素增多，而气温的下降又使叶绿素破坏消失，因此绿叶变成了红叶。变色的外部因素是气候条件：当气温迅速下降到一定程度，而且夜间的温度比白天下降很多时，树叶还没有凋落，而叶绿素已大部分被破坏，同时昼夜温差的增大，也有助于花青素的形成，因此叶子很快变红。如果气温下降很慢，而且昼夜温差不大，叶绿素还没有被破坏而树已经枯萎，那就变不成美丽的红叶了。这就是为什么市内的黄栌往往并不变红而独有香山的黄栌变得红艳夺目的主要原因。

枫树

Wuchubuzai De Kexue Congshu

延伸阅读

枫树，叶片较大，与人的手掌大小相近，叶柄细长，使得叶片极易摇曳，稍有轻风，枫叶便会摇曳不定，互相摩擦，发出"哗啦哗啦"的响声，给人以招风应风的印象。所以，枫树得名于风。"枫"字与"风"字读音相同，"枫树"就是"风树"，表示招风应风的一类树。

众所周知，与枫树有不解之缘的是加拿大。加拿大境内多枫树，素有"枫叶之国"的美誉。长期以来，加拿大人民对枫叶有着深厚的感情，国徽正中绘有三片红色枫叶，国旗中央绘有一片11个角的红色枫叶，国歌为《枫叶·万岁》，国树为枫树。

加拿大国旗

为什么仙人掌的茎干多肉多刺呢？

你知道吗

仙人掌的老家在南美和墨西哥，它们的祖辈们面对严酷的干旱环境，与滚滚黄沙斗，与少雨缺水、冷热多变的气候斗，千万年过去了，它们终于在沙漠里站稳脚跟，然而体态却变了样——叶子不见了，这是为什么呢？

科学原理

这种变化对仙人掌之类植物大有好处。大家知道，植物的喝水量很大，它们喝的水大部分消耗于蒸腾作用。叶子是主要的蒸腾部位，大部分水分都要从这里跑掉。据统计，每吸收 100 克水，大约有 99 克通过蒸腾作用跑掉，只有 1 克保持在体内。在干旱的环境里，水分来之不易，哪里承受得起这样的"巨额支出"呢？为对付酷旱，仙人掌的叶子退化了，有的甚至变成针状或刺状。这就从

仙人掌

根本上减少了蒸腾面，"紧缩了水分开支"。仙人掌节水能力到底有多大？有人把株高差不多的苹果树和仙人掌种在一起，在夏季里观察它们一天消耗的水量，结果是苹果树 10 ~ 25 千克，而仙人掌却只有 20 克，相差上千倍。这不是仙人掌吝惜，而是生存的必需。若把一株具有茂密叶片的苹果树栽在沙漠里，它肯定就活不了。

仙人掌的刺也有多种，有的变成白色茸毛，密披身上，它们可以反射强烈的阳光，借以降低体表温度，也可以收到减少水分蒸腾的功效。

仙人掌一方面最大限度地减少水分蒸腾，一方面却大量贮水。仙人掌的茎干变成肉质多浆，根部也深入沙地里，就能够吸收并贮存大量水分，因为这种肉质茎含有许多胶水物，吸水力很强，但水分想逸散却很困难。

仙人掌之类植物正是以它们体态的这些变化来适应干旱气候的，这就是仙人掌多肉多刺的原因。

延伸阅读

　　墨西哥素有"仙人掌之国"的名称。仙人掌是墨西哥的国花。相传仙人掌是神赐予墨西哥人的。仙人掌有"沙漠英雄花"的美誉。仙人掌类植物全世界有两千多种，其中一半左右就产在墨西哥。在恶劣环境中，任凭土壤多么贫瘠，天气多么干旱，仙人掌却总是生机勃勃，凌空直上，构成墨西哥独特的风貌。什么病虫害虫都别想侵害它。它全身带刺，具有顽强的生命力和坚韧的性格，有水、无水、天热、天冷都不怕，在翡翠状的掌状茎上却能开出鲜艳、美丽的花朵，这就是坚强、勇敢、不屈、无畏的墨西哥人民的象征。

在墨西哥，随处可见仙人掌

　　为了展示仙人掌的风采，弘扬仙人掌精神，每年8月中旬都要在墨西哥首都附近的米尔帕阿尔塔地区举办仙人掌节。节日期间，政府所在地张灯结彩，四周搭起餐馆，展售各种仙人掌食品。

笑树为什么会笑？

 你知道吗

　　非洲卢旺达首都有一家植物园，人们在那儿游览，遇到刮风的时候，就会听到"哈哈……"的笑声。不知缘由的游人左顾右盼，也休想找到那个发笑的人。当地人便会手指一棵大树，自豪地来帮助游客解开谜团："这是一种会发笑的树。它以笑声表示对你的欢迎。"笑树为什么会笑呢？

 科学原理

　　笑树是一种小乔木，高约7～8米，树干深褐色，叶子呈椭圆形。每根丫杈间，都长着一个像小铃铛般的皮果，它又薄又脆，里面是个空腔，生着许多小滚珠似的皮蕊，能自由滚动；皮果外壳长满斑斑点点的小孔。一阵风吹来，皮果随风摇动，皮蕊在空腔里来回滚

笑树

动，不断撞击既薄又脆的外壳，发出像人一样的笑声。因此，当地人称它为"笑树"。

延伸阅读

在千奇百怪的植物世界中,有会笑的笑树,还有会演奏音乐的笛树呢!

当你来到南美洲安第斯山北麓,就能听到一阵阵清脆悦耳的笛声,是谁在演奏呢?原来,这是一种会奏乐的树发出来的声音,当地人叫它"蒲甘笛树"。这种树要10个人手拉着手才能把它围起来,树荫十分浓密,片片叶都像喇叭似的,好像挂在树梢上的千百万支笛子,在风的吹奏下发出优美动听的乐曲。

有趣的是,随着风的大小和方向的变化。笛树的曲调和节奏也会发生变化。当微风吹拂时,它低头呻吟;当狂风劲吹时,它山摇地动;当风雨交加时,它发出密如连珠的鼓声。

笛树为什么会奏乐呢?人们在它的喇叭状的叶子上找到了秘密。叶子的末端有个小孔,由于叶大小不一,叶孔也就各异了,不同强度的风吹过这些小孔时,就发出各种高低长短不同的声音,形成了抑扬顿挫的声音。

05

为什么会东边日出西边雨?

唐代诗人刘禹锡的一篇《竹枝词》十分脍炙人口:

> 杨柳青青江水平,
>
> 闻郎江上踏歌声。
>
> 东边日出西边雨,
>
> 道是无晴却有晴。

此诗以景衬情,以情寓景,情景交融,妙到极处。其实在我们的生活中,尤其是夏季也会遇到"东边日出西边雨"的景象,这里面便包含着关于气象的科学。

有关气象的科学和我们的生活息息相关:七色的彩虹、弯弯曲曲的闪电、神秘的"佛光"、晶莹的露珠……要想知道其中的奥妙,就随我们一起进入有趣的气象天地吧!

彩虹为什么有七种颜色？

你知道吗

雨后天边出现了一道美丽的彩虹，晶莹透明，优美的弧度，绚丽的七彩，阳光照耀下，美丽梦幻得令人惊叹，那么，你知道为什么彩虹有七种颜色吗？

科学原理

彩虹是因为阳光射到空中接近圆形的小水滴，造成色散及反射而成。阳光射入水滴时会同时

雨后的彩虹

以不同角度入射，在水滴内亦以不同的角度反射。当中以 40~42 度的反射最为强烈，形成我们所见到的彩虹。形成这种反射时，阳光进入水滴，先折射一次，然后在水滴的背面反射，最后离开水滴时再折射一次。因为水对光有色散的作用，不同波长的光的折射率不同，蓝光的折射率比红光大。由于光在水滴内被反射，所以观察者看见的光谱是倒过来的，红光在最上方，其他颜色在下方。

其实只要空气中有水滴，而阳光正在观察者的背后以低角度照射时，便可能产生可以观察到的彩虹现象。彩虹最常在下午，雨后刚转天晴时出现。这时空气内尘埃少而充满小水滴，天空的一边因为仍有雨云而较暗，而观察者头上或背后已没有云的遮挡而可见阳光，这样彩虹便会较容易被

135

看到。另一个经常可见到彩虹的地方是瀑布附近。在晴朗的天气下背对阳光在空中洒水或喷洒水雾，亦可以人工制造彩虹。

延伸阅读

有时我们会见到两条彩虹同时出现，在平常的彩虹外边出现同心但较暗的副虹（又称霓）。副虹是阳光在水滴中经两次反射而成。当阳光经过水滴时，它会被折射、反射后再折射出来。在水滴内经过一次反射的光线，便形成我们常见的彩虹（主虹）。若光线在水滴内进行了两次反射，便会产生第二道彩虹（霓）。霓的颜色排列次序跟主虹是相反的。由于每次反射均会损失一些光能量，因此霓的光亮度亦较弱。两次反射最强烈的反射角出现在 50～53 度，所以副虹位置在主虹之外。因为有两次的反射，副虹的颜色次序跟主虹相反，外侧为蓝色，内侧为红色。副虹其实一定跟随主虹存在，只是因为它的光线强度较低，所以有时不被肉眼察觉而已。

双彩虹

1307 年时欧洲已有人提出彩虹是由水滴对阳光的折射及反射造成的。笛卡尔在 1637 年发现水滴的大小不会影响光线的折射。他以玻璃球注入水来进行实验，得出水对光的折射指数，用数学证明彩虹的主虹是水滴内的反射造成，而副虹则是两次反射造成。他准确计算出彩虹的角度，但未能解释彩虹的七彩颜色。后来牛顿以玻璃菱镜展示把太阳光散射成彩色之后，关于彩虹的形成的光学原理全部被发现。

江淮流域的黄梅天是怎么回事？

 ## 你知道吗

　　每到六七月间，江淮地区总有一段较长时间的连续阴雨天气，此时正值江南梅子成熟，因此称为梅雨（黄梅天）；又因为在这期间温度高，湿度大，器物容易霉烂，所以又叫它"霉雨"。为什么这个季节阴雨天气特别多呢？

梅雨时节

 ## 科学原理

　　从前曾有许多气象学家研究过这个问题，都认为这是由于北方海水的冷热变化而引起的。后来，自第二次世界大战以后，由于高空气象资料增多，这才把它发生的原因弄清楚。原来，自入春到初夏，太平洋热带高气压已增强，把暖湿气流源源不断地向北输送，但在这个时期，北方的冷空气仍有相当的势力，还不愿退出这个地区。于是这冷暖两股气流就在江淮流域一带相持不下，好像两路兵马各不相让。因为暖空气比冷空气轻，它沿着冷空气向北滑升上去，暖空气带来的大量水汽凝结起来，形成一层较厚的云块，云中含有大量水分，就不断地下雨，形成连续性的阴雨天气。

梅雨前后，无论天气或自然季节均有明显变化。梅雨前，主要雨区在华南到江南一带，江淮地区受北方冷高压控制，多晴好天气。梅雨开始，雨区北移到江淮流域，降水多属连续性，有时还间隔着几次大雨或暴雨。梅雨结束，江淮地区在副热带高压的控制下，天气晴燥，气温急剧上升，进入盛夏。所以梅雨前后，是江淮地区由初夏进入盛夏的季节。

常年6月上旬入梅（即梅雨开始，或称立梅），7月上旬出梅（梅雨结束，或称断梅），持续期大约30天。但由于历年冷暖空气的进退有迟有早，势力有强有弱，梅雨期来去的早晚、持续时间的长短和总雨量大小的年际变化很大。有些年份梅雨不明显，称为"空梅"。有些年份，南方暖空气势力开始时势力较强，较快地把冷空气迫退到淮北地区，梅雨似乎已经结束，但过了一段时期，冷空气又把暖空气挤回来僵持在江南，于是又再度出现梅雨天气，这种情况称为"倒黄梅"，也就是黄梅去了又回来，出现两次黄梅天气的意思。

延伸阅读

我们都知道雨是无色透明的液体，可是世界上有很多地方都下过奇怪的雨。

1. 黄色的雨

在我国的兴安岭地区，每年 5～6 月期间，会落下奇怪的"杏黄雨"。其实，那是松花粉染色的结果。因为这时期，正当松花盛开的季节，林海上空的黄色花粉和水汽粘在一起，便成了"黄雨"。还有一种"杏黄雨"，是龙卷风把地上的黄泥浆卷到天空，与雨水混合到一起降落下来。

2. 红色的雨

1608 年，在法国一个小城中，曾降落一场十分可怕的"血雨"。深红色的雨点哗哗地落下来，大地染上血色。后来知道，这场"血雨"是由大西洋的庞大气旋从北非沙漠地带，把大量微红色和赭石色的尘土带入空中，并和雨点相混，一起落下来的缘故。

3. 银币雨

1940 年，在前苏联的一个小村庄里竟然下了一阵银币雨，村民们争相拾拣，认为是"上天的恩赐"，其实是暴雨把古代埋在地里的银币冲刷出来后，被一股旋风卷到村庄上空降落下来的。因为相似的原因还曾在其他地方下过青蛙雨、麦子雨、珍珠雨等等。

4. 报时雨

在印度尼西亚爪哇岛南部的土隆加贡，每天都要下两场非常准时的大雨：第一次是下午 3 点钟，第二次是下午 5 点半。人们把这种准时下的大雨，叫做"报时雨"。那些地处偏僻的山村小学，过去因没有钟，就以下雨作为学校作息时间：第一次是上学时间，第二次是放学时间。多少年来，大雨十分"遵守时间"，从未发生过差错。

为什么叶面上会出现露珠？

你知道吗

在温暖季节的清晨，人们在路边的草、树叶及农作物上经常可以看到晶莹剔透的露珠，露也不是从天空中降下来的。露珠是怎么形成的呢？

露珠

科学原理

露的形成原因与霜一样，只不过它形成时的温度在0℃以上罢了。在0℃以上，空气因冷却而达到水汽饱和时的温度叫做"露点温度"。在温暖季节里，夜间地面物体强烈辐射冷却的时候，与物体表面相接触的空气温度下降，在它降到"露点"以后就有多余的水汽析出。因为这时温度在0℃以上，这些多余的水汽就凝结成水滴附着在地面物体上，这就是露。露一般在夜间形成，日出以后，温度升高，露就蒸发消失了。

延伸阅读

在寒冷季节的清晨，草叶上、土块上常常会覆盖着一层霜的结晶。它们在初升起的阳光照耀下闪闪发光，待太阳升高后就融化了。人们常常把这种现象叫"下霜"。翻翻日历，每年10月下旬，总有"霜降"这个节气。我们看到过降雪，也看到过降雨，可是谁也没有看到过降霜。其实，霜不是从天空降下来的，而是在近地面层的空气里形成的。

植物上的霜

霜是一种白色的冰晶，多形成于夜间。少数情况下，在日落以前太阳斜照的时候也能开始形成。通常，日出后不久霜就融化了。但是在天气严寒的时候或者在背阴的地方，霜也能终日不消。

霜本身对植物既没有害处，也没有益处。通常人们所说的"霜害"，实际上是在形成霜的同时产生的"冻害"。

霜的形成不仅和当时的天气条件有关，而且与所附着的物体的属性也有关。当物体表面的温度很低，而物体表面附近的空气温度却比较高，那么在空气和物体表面之间有一个温度差，如果物体表面与空气之间的温度差主要是由物体表面辐射冷却造成的，则在较暖的空气和较冷的物体表面相接触时空气就会冷却，达到水汽过饱和的时候多余的水汽就会析出。如果温度在0℃以下，则多余的水汽就在物体表面上凝华为冰晶，这就是霜。因此霜总是在有利于物体表面辐射冷却的天气条件下形成。

Wuchubuzai De Kexue Congshu

天空为何是蓝色的？

 你知道吗

在我们地球的上空，包着一层厚厚的大气层。我们知道，空气是没有颜色的，那蓝色的天空是怎么形成的呢？

科学原理

根据科学家的测定，蓝色光和紫色光的波长比较短，橙色光和红色光的波长比较长，当遇到空气中的障碍物

蔚蓝的天空

的时候，蓝色光和紫色光因为翻不过去那些障碍，便被"散射"得到处都是，布满整个天空。发现这种"散射"现象的科学家叫瑞利，这种现象因此被称为"瑞利散射"。

我们所看到的蓝天是因为空气分子和其他微粒对入射的太阳光进行选择性散射的结果。散射强度与微粒的大小有关。当微粒的直径小于可见光波长时，散射强度和波长的 4 次方成反比，不同波长的光被散射的比例不同，此亦成为选择性散射。当太阳光进入大气后，空气分子和微粒（尘埃、水滴、冰晶等）会将太阳光向四周散射。组成太阳光的红、橙、黄、绿、蓝、靛、紫 7 种光中，红光波长最长，紫光波长最短。波长比较长的红光透射性最强，大部分能够直接透过大气中的微粒射向地面。而波长较

短的蓝、靛、紫等色光，很容易被大气中的微粒散射。以入射的太阳光中的蓝光（波长为 0.425 微米）和红光（波长为 0.650 微米）为例，当光穿过大气层时，被空气微粒散射的蓝光约比红光多 5.5 倍。因此晴天天空是蔚蓝的。但是，当空中有雾或薄云存在时，因为水滴的直径比可见光波长大得多，选择性散射的效应不再存在，不同波长的光将一视同仁地被散射，所以天空呈现白茫茫的颜色。

如果说短波长的光散射性更强，你一定会问为什么天空不是紫色的。其中一个原因就是在太阳光透过大气层时，空气分子对紫色光的吸收比较强，所以我们所观测到的太阳光中的紫色光较少，但并不是绝对没有，在雨后彩虹中我们很容易观察到紫色的光。另外一个原因和我们的眼睛本身有关。在我们的眼睛中，有 3 种类型的接收器，分别称之为红、绿和蓝锥体，它们只对相应的颜色敏感。当它们受到外界的光刺激时，视觉系统会根据不同接收器受到刺激的强弱重建这些光的颜色，也就是我们所看到物体的颜色。事实上，红色锥体和绿色锥体对蓝色和紫色的刺激也有反映，红锥体和绿锥体同时接受到阳光的刺激，此时蓝锥体接收到蓝光的刺激较强，最后它们联合的结果是蓝色的，而不是紫色的。

延伸阅读

云为什么是白色的？

天空中的云是小水滴和空气中的粉尘组成的，它们的直径要比太阳光的任何一种颜色的光的波长都要长得多，所以发生瑞利散射的情况很少。一部分阳光被反射到空中；一部分发生迈以散射，然后散射的光射到地球，但迈以散射不改变太阳光中任何颜色的光；还有一部分直接穿透水滴之间的缝隙。上述 3 种情况都对阳光的成分没有影响，所以看上去天空中的云是白色的。但是当云层越来越厚时，小水滴越来越多，几乎连成一片，太阳光和迈以射散的光不能或者很少能穿透云层，这时白云就变成乌云了。

蓝天白云

正是在太阳光通过大气层入射到地球表面的过程中，大气层中的空气分子或其他微粒会对阳光有吸收、反射、透射等作用，从而形成了蓝天、白云和绚丽的落日余晖和晨时朝霞。如果没有大气层和其他微粒，即使是白天，太阳看上去也只是一个孤零零的明亮的球，天空也将是漆黑一片，所以空气不但给我们提供了赖以生存的条件，也使我们的天空变得多姿多彩。

闪电为何是弯弯曲曲的？

你知道吗

雷电是伴有闪电和雷鸣的一种雄伟壮观而又有点令人生畏的自然现象，在看到闪电的时候，我们经常会发现它带着枝杈？为什么闪电会有这些弯弯曲曲的枝杈呢？

弯弯曲曲的闪电

科学原理

闪电通常都会把负电荷从雷暴云带到地面。在我们看见的闪电的前方有一个带负电荷的闪电先导，它快速向下移动到云层的下面，再穿过分布着正电荷的许多小区域的空气来到地面。云层下方的这些正电荷小区域，是雷暴云的强电场引起地面尖端放电释放出大量离子形成的。

带负电荷的闪电先导在寻找电阻最小的前进通道的过程中会发生分叉，这就是我们看到的闪电枝杈。当某一枝杈的先导接近地面时，其中的负电荷吸引地面尖状物体（比如草和树木）的正离子，在云层和地面之间形成导电通道。此后，从这个先导通道的底部开始，其中的负电荷源源流入地面而消失。随着电荷向下移动，放电区（亦即所看到的亮光）则向上移动，这就是我们看见的所谓"回击"。闪电先导的那些没有到达地面的枝杈，其中的电荷会流向主通道，从而使闪电变得更加明亮。

在拍摄得到的闪电照片上，显示的先导通道常常会比实际通道要宽，这是底片曝光过量造成的。分析被雷电击中受毁的物体表明，闪电通道的直径大致在 2 ~ 100 毫米之间。

延伸阅读

长期以来，人们的心目中只有蓝白色闪电，而从未看见过不发光的"黑色闪电"。可是，科学家通过长期的观察研究确实证明有"黑色闪电"存在。

1974 年 6 月 23 日，前苏联天文学家契尔诺夫就曾经在扎巴洛日城看见一次"黑色闪电"：一开始是强烈的球状闪电，紧接着，后面就飞过一团黑色的东西，这东西看上去像雾状的凝结物。

经过研究分析表明：黑色闪电是由分子气凝胶聚集物产生出来的，而这些聚集物是发热的带电物质，极容易爆炸或转变为球状的闪电，其危险性极大。

黑色闪电一般不易出现在近地层，如果出现了，则较容易撞上树木、桅杆、房屋和其他金属，一般呈现瘤状或泥团状，初看似一团脏东西，极容易被人们忽视，而它本身却载有大量的能量，

黑色闪电

所以，它是"闪电族"中危险性和危害性均较大的一种。尤其是，黑色闪电体积较小，雷达难以捕捉，而且它对金属物极具"青睐"，因而被飞行人员称作"空中暗雷"。飞机在飞行过程中，倘若触及黑色闪电，后果将不堪设想。而每当黑色闪电距离地面较近时，又容易被人们误认为是一只飞鸟或其他东西，不易引起人们的警惕和注意，如若用棍物击打触及，则会迅速发生爆炸，有使人粉身碎骨的危险。另外，黑色闪电和球状闪电相似，一般的避雷设施，如避雷针、避雷球、避雷网等，对黑色闪电起不到防护作用，因此它常常极为顺利地到达防雷措施极为严密的储油罐、储气

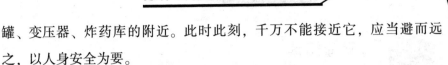

罐、变压器、炸药库的附近。此时此刻，千万不能接近它，应当避而远之，以人身安全为要。

彩霞出现的天空为什么是红色的？

你知道吗

早晨和傍晚，在日出和日落前后的天边，时常会出现彩霞，好像是被打翻的颜料一样很随意，有一种朦胧的美。早晨的称"朝霞"，傍晚的日"晚霞"，又名"火烧云"，色彩红艳，形状多变，为什么彩霞出现的天空呈现出来的是红色呢？

彩霞

科学原理

朝霞和晚霞的形成都是由于空气对光线的散射作用。当太阳光射入大气层后，遇到大气分子和悬浮在大气中的微粒，就会发生散射。这些大气分子和微粒本身是不会发光的，但由于它们散射了太阳光，使每一个大气分子都形成了一个散射光源。根据瑞利散射定律，太阳光谱中的波长较短的紫、蓝、青等颜色的光最容易散射出来，而波长较长的红、橙、黄等颜色的光透射能力很强。

因此，我们看到晴朗的天空总是呈蔚蓝色，而地平线上空的光线只剩波长较长的黄、橙、红光了。这些光线经空气分子和水汽等杂质的散射后，那里的天空就带上了绚丽的色彩。

延伸阅读

有一句很常用的天气谚语："朝霞不出门，晚霞行千里。"这里面的科学原理是什么呢？

春夏早上，低空空气稳定，尘埃少，如有鲜艳的朝霞，表示东方低空含有许多水滴，有云层存在，坏天气将逐渐逼近，这就是"朝霞不出门"的原因；傍晚由于一天的阳光加热，温度较高，低空大气中水分一般不会很多，但尘埃因对流变弱而可能大量集中到低层。如出现鲜艳的晚霞，则主要由尘埃等干粒子对阳光散射所致，说明西方的天气比较干燥。按照气流由西向东移动的规律，未来本地的天气不会转坏，所以有"晚霞行千里"的说法。当然，这只是一般规律，真要出门，还是看天气预报为好。

为什么夏季会下冰雹？

你知道吗

冰雹俗称"雹子"，夏季或春夏之交最为常见，它是一些小如绿豆、黄豆，大似栗子、鸡蛋的冰粒，特大的冰雹比柚子还大，你知道夏季为什么会下冰雹吗？

冰雹

科学原理

夏天火辣辣的太阳把地面晒得非常热，地面的空气也热，但是高空的空气温度比较低。热空气往上，冷空气往下，上升的热空气往往带有水汽和水珠，在上升的过程中就会碰到雪花和小水珠，它们结合在一起，流动也很快，在高空的冷空气中变成小冰球，后来又慢慢地变大、变重，最后落到地面上，这就是冰雹。

冰雹诞生在一个特殊的"加工厂"——强盛的积雨云中。一般的积雨云可能产生雷阵雨，只有发展特别强盛，云体十分高大，云中有强烈的上升气体，云内有充沛水分的积雨云才会产生冰雹，这种云通常也被称为冰雹云。

冰雹云是由水滴、冰晶和雪花组成的。一般有三层：最下面一层温度在 0 ℃以上，由水滴组成；中间一层温度为 0 ℃ ~ -20 ℃，由冷却水滴、冰晶和雪花组成；最上面一层温度在 -20 ℃以下，基本上由冰晶和雪花组成。

冰雹的形成需要以下几个条件：一是大气中必须有相当厚的不稳定层存在；二是积雨云必须发展到能使个别大水滴冻结的高度；三是要有强的风切变；四是云的垂直厚度不能小于 6 ~ 8 千米；五是积雨云内含水量丰富；六是云内应有倾斜的、强烈而不均匀的上升气流。

雹块越大，破坏力就越大。特别是大冰雹，多是在一支很强的斜升气流、液态水的含量很充沛的雷暴云中产生。每次降雹的范围都很小，一般宽度为几米到几千米，长度为 20 ~ 30 千米，所以民间有"雹打一条线"的说法。

延伸阅读

怎样正确识别冰雹云？

究竟什么样的云会下雹子，怎样识别它？除了借助于科学仪器观测外，有经验的农民在生产实践中也积累了丰富的观天方法。

首先看云的形态。雹云云体一般高耸庞大，云底低而云顶高，可达8~10千米以上，翻腾厉害，比发展旺盛的雷雨云移动速度还快，有的像倒立的笤帚，有的像连绵的山峰。

其次看云的颜色。冰雹云的底部颜色比一般的雷雨云还乌黑，像锅底色，还经常带土黄色或暗红色，也有的带紫绿色。这是因为冰雹云比一般雷雨云发展更旺盛，水汽含量更多。阳光透过水汽和尘埃较多的云层时，短波长的青、兰、紫光线大部分被吸收，而长波的红、橙、黄等光线照到云边上，就显得乌黑里边带黄色或杏黄色了。

再次看云的动态。如两块浓积云合并，发展异常迅速，群众叫做"云打架"或"云接亲"；有时四面的云向一处集中，一般是向经常产生冰雹的源地的上空集中，这是因为气流的辐合作用和地形地貌的影响，使对流进一步加强，云体发展得更旺盛而出现的。

还有看风的变化。冰雹云到来之前，风速时大时小，风向不定，常吹漩涡风。风的来向就是冰雹的来向，在大风中伴有稀疏的大雨点。一般下雹子前常刮东南风或东风，雹云一到突然变成西北风或西风，并且降雹前的风速一般大于下雷雨前的风速，有的可达8~9级，随后连雨加雹一起降下来。

佛光是怎么形成的？

 你知道吗

佛光，看上去是一个七彩光环。人影在光环正中，而且人影随着人而动，变幻之奇，出人意料。峨眉山舍身岩就是一个得天独厚的观赏场所。19世纪初，科学界便把这种难得的自然现象命名为"峨眉宝光"，你了解这种现象的原理吗？

峨眉山佛光

 科学原理

佛光发生在白天，产生的条件是太阳光、云雾和特殊的地形。早晨太阳从东方升起，佛光在西边出现，上午佛光仍在西方；下午，太阳移到西边，佛光则出现在东边；中午，太阳垂直照射，则没有佛光。只有当太阳、人体与云雾处在一条倾斜的直线上时，才能产生佛光。它是太阳光与云雾中的水滴经过衍射作用而产生的。如果观看处是一个孤立的制高点，那么在相同的条件下，佛光出现的次数要多些。

佛光由外到里，按红、橙、黄、绿、青、蓝、紫的次序排列，直径约2米左右。有时阳光强烈，云雾浓且弥漫较宽时，则会在小佛光外面形成一个同心大半圆佛光，直径达20~80米，虽然色彩不明显，但光环却分外明显。

佛光中的人影，是太阳光照射人体在云层上的投影。观看佛光的人举手、挥手，人影也会举手、挥手，此即"云成五彩奇光，人人影在中藏"，神奇而瑰丽。

佛光出现时间的长短，取决于阳光是否被云雾遮盖和云雾是否稳定，如果出现浮云蔽日或云雾流走，佛光即会消失。一般佛光出现的时间为半小时至一小时。而云雾的流动，促使佛光改变位置；阳光的强弱，使佛光时有时无。佛光彩环的大小则同水滴雾珠的大小有关：水滴越小，环越大；反之，环越小。

 延伸阅读

佛家认为，只有与佛有缘的人，才能看到佛光，因为佛光是从佛的眉宇间放射出的救世之光，吉祥之光。传说 1 600 多年前，敦煌莫高窟建窟前曾闪现"金光"和"千佛"的奇异景象。公元 366 年的一天傍晚，在中

敦煌莫高窟

国西北部的甘肃省敦煌市附近的一座沙山上，"佛光"的一次偶尔呈现被一个叫乐僔的和尚无意中看到了。看到"佛光"的乐僔当即跪下，并朗声发愿要把他见到"佛光"的地方变成一个令人崇敬的圣洁宝地。

受这一理念的感召，经过工匠们千余年断断续续的构筑，终于成就了我们今天看到的这座举世闻名的文化艺术瑰宝———敦煌莫高窟！

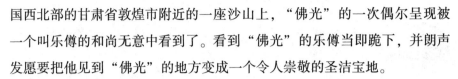

为什么一天中午后的风最大？

你知道吗

如果你留心观察，就会发现：一般情况下，一天中，早晨的风并不太大，午后的风达到最大值，到了晚上风又小了下来。于是你也许会问，一天中风力为什么会有这种变化呢？

科学原理

原来，风力的这种变化是由太阳导致的。白天，在太阳的照射下，地面各处的裸露地表、沙滩等地容易被晒热；而草地、河湖上不容易晒热，使得贴近地面的空气温度形成高低差别。地面的空气气温高，形成上升气流；水面的空气气温低，形成下降气流，这样就发生了空气的上下交流。由于高空空气带着较大的风速下降到低空，近地面的空气带着较小的风速上升到高空，这种上下空气的交换，就使近地面的风速逐渐增大，高空风速逐渐减小。中午过后，近地面的空气气温最高，上下空气的交流最激烈，所以午后的风速最大。到了晚上，太阳下山后，地面渐渐冷却，造成近地面气温降低的现象，使上下空气的交流减弱，风就逐渐变小了。

延伸阅读

在自然界中，风是一种可再生、无污染而且储量巨大的能源。随着全球气候变暖和能源危机，各国都在加紧对风力的开发和利用，尽量减少二氧化碳等温室气体的排放，保护我们赖以生存的地球。

风能的利用主要是以风能作动力和风力发电两种形式，其中又以风力发电为主。

以风能作动力，就是利用风来直接带动各种机械装置，如带动水泵提水等，这种风力发动机的优点是：投资少、工效高、经济耐用。目前，世界上约有一百多万台风力提水机在运转。澳大利亚的许多牧场，都设有这种风力提水机。在很多风力资源丰富的国家，科学家们还利用风力发动机铡草、磨面和加工饲料等。

风力发电

利用风力发电，以丹麦应用最早，而且使用较普遍。丹麦虽只有500多万人口，却是世界风能发电大国和发电风轮生产大国。世界10大风轮生产厂家有5家在丹麦，世界60%以上的风轮制造厂都在使用丹麦的技术。丹麦是名副其实的"风车大国"。

为什么春雨常在夜间下?

你知道吗

到了春天，常会有这样的天气现象：白天天气晴朗，风和日丽，可是到了夜间，满天灰蒙蒙的，淅淅沥沥下起了雨。杜甫的"随风潜入夜""当春乃发生"，说的就是这种现象。那么，为什么春雨常在夜间下?

科学原理

春天之所以常在夜间降雨，是由于我国处在季风气候区域。冬天，气流从大陆吹向海洋；夏天，气流又从海洋吹向大陆。冬去春来，北方冷空气势力逐渐减弱，向北转移；西太平洋一带的暖湿空气不断活跃、增强北上。同时将海洋上空的水汽源源不断地带到我国大陆上空，使云量大增。白天，由于太阳辐射强烈，云中的水汽被大量蒸发，云层变薄乃至消失，成为万里晴空。到夜晚，由于没有了太阳光的辐射，云中的水汽便大量积聚，云层越聚越厚。而云层上部温度降低，下部由于本身的遮盖阻碍，地面的热散发甚少，这就形成了上冷下暖，引起空气对流，凝结成雨。所以，到了春天，经常会在夜间降雨。

延伸阅读

为什么"巴山"多夜雨?

"巴山"并非单指四川盆地，而是泛指我国的西南山地。"夜雨"则是指晚上 8 点以后至次日早晨前下的雨。据统计，四川盆地一带年平均夜雨率在 60% 以上，即下雨天 10 天中有 6 天以上是在夜间，而且以盆地西部和西南部夜雨率最高。

国画　巴山夜雨涨秋池

我国西南山地夜雨形成的原因，主要是春、秋季节北方冷空气南下，在西南山地形成"昆明准静止锋"而造成的。这种静止锋的云系出现在锋下冷空气里，是由于冷空气沿山坡滑升形成的，而锋面上暖空气既干燥又爬升缓慢，无法形成大规模云系，所以锋后往往是阴雨天气，但因锋面坡度不大，暖空气在锋面上滑升时，白天不一定下雨，而使云量有所增加，推迟到夜间降水。另外，到了夜间，云层上部由于云体本身的辐射失热作用，使云层上部温度迅速降低，云层下部吸收了地面的辐射热量，温度相对较高。这样，云层上、下部之间有了明显的温度差异，上冷下暖，大气趋向不稳定，空气容易上升而凝结成雨。这种情况，同海洋上多夜雨的道理基本上是相似的。

为什么会东边日出西边雨？

你知道吗

在夏天的午后，你只要留心就会发现，常常会有这样的情景：西边太阳高照，东边却哗哗地下着雨，这就是人们常说的"东边日出西边雨""隔道不下雨"的现象。那么，为什么会出现这种有趣的现象呢？

科学原理

雷阵雨有个特点：大多发生在午后，并且大部分是由西向东前进。夏天，大地的表面不断地受到烈日照射，气温迅速上升，而且最热的时候是在午后一两点钟，这时候，含大量水蒸气的热空气因受热而不停地猛烈上升，形成大块的浓积云。当浓积云上升到 7~8 千米，甚至 9 千米的高空时，形成了雷雨云。到了这么高的空中，云的顶部温度在 0 ℃以下。因为温度降低，使空气中蕴藏着的大量水蒸气冷却凝结成水滴，水滴又相碰并增大，便落地成雨了。这就是夏季午后多雷阵雨的道理。

雷阵雨为什么大都从西往东运动呢？这是因为，在 5 千米以下的高空有一个完整的西风带，这里的风不管春、夏、秋、冬永远由西向东吹。所以，发生在西方的坏天气，总是要受到这个西风带的影响经过我们的头上，一股劲地往东边跑。这样，就是东边下了雷阵雨，我们这里和西边也不会受到影响。因此，往往会出现这种情况：几乎在同一个时候，东边虽然在下着雨，西边却是阳光灿烂的好天气。有这样一句气象谚语："夏雨像堵墙，淋孩不淋娘。"意思是说，夏天的雷阵雨地方性很强，当母亲抱着孩子时，孩子那边被雨淋了，而母亲这边却滴水不沾。这种说法固然有点夸张，然而，类似的现象确实存在。

延伸阅读

千百年来，人们在生产生活实践中通过长期的观察，积累了丰富的看天经验，形成了独具特色的气象民谚。这些气象民谚语言生动形象、内容丰富多彩，人们运用它来预测天气和指导农事。至今，这些气象民谚仍有不少实用参考价值。

1. "春天猴儿面，阴晴随时变。"意指春天的天气变化无常，或风和日丽，春光明媚；或阴雨连绵，冷风阵阵。

2. "日出热辣辣，中午雨淋头。"意指早上太阳过热，中午就会有雨下来了。

3. "雷公先唱歌，有雨也不多。"下雨地方打雷，传到无雨的地方，人们虽然先听到雷声，但也多半是无雨或少雨天气。

4. "打早打辣雾，尽管洗衫裤。"秋冬季节有晨雾，则该日天晴。

5. "冬至无雨一冬晴。"意指冬至这一天的天气与整个隆冬天气及农事活动有着极其密切的关系。如果冬至这一天无雨，则整个隆冬多为晴天。

6. "吃过端午肉，坝上紧紧筑。"意指过了端午以后，降雨天气将会增多，要提前做好预防洪涝的准备工作。

7. "乌鸦沙沙叫，阴雨就会到。"乌鸦对天气变化很敏感，一般在大雨来临前一两天就会一反常态，不时发出高亢的鸣啼。一旦叫声沙哑，便是大雨即将来临的信号。

8. "雀噪天晴，洗澡有雨。"麻雀堪称"晴雨鸟"。若在连日阴雨的早

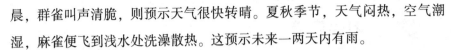

晨，群雀叫声清脆，则预示天气很快转晴。夏秋季节，天气闷热，空气潮湿，麻雀便飞到浅水处洗澡散热。这预示未来一两天内有雨。

9. "久晴大雾雨，久雨大雾晴。"这是因为天气久晴，空气中所含水分较少，尽管夜间降温，一般仍不会产生大雾。如果突然出现了大雾，很可能是因为暖湿空气侵入，形成了平流雾，预示天气将转阴雨。相反，雨后空气中水分很充沛，但由于云层覆盖，地热不易散发，晚上地面降温不显著，也不易形成雾。

为什么南极比北极更冷？

你知道吗

我们知道地球上最冷的地方是南极和北极，南北两极在一年中接收太阳光的照射基本相同，但是相比之下，南极比北极更冷。这是为什么呢？

南极风光

科学原理

造成南极比北极更冷的原因主要有两点：一是两极的海拔高度不同。科学研究发现，海拔高度每升高 100 米，温度就降低 0.65 ℃。南极平均海拔为 2 350 米。北极是海洋，海拔高度为零。南北两极海拔高度相差 2 350 米，就存在 15.3 ℃ 的温差。二是构成两极的物质不同。北极为海洋，南极是陆地，相同质量的陆地和水升高相同的温度，水比陆地（泥土、岩石）吸收的热量多得多，水的吸热能力也比陆地强。北极大量的海水在夏天可以储存巨大的热能，到了寒冷的严冬，海水又把热量慢慢地释放出来，调节了气温。南极陆地夏天吸收的热量少，还没到冬天，热量就散失完了，因此南极比北极更冷。

延伸阅读

在地球南北两极附近地区的高空，夜间常会出现灿烂美丽的光辉。它轻盈地飘荡，同时忽暗忽明，发出红的、蓝的、绿的、紫的光芒。这种壮丽动人的景象就叫做极光。

极光多种多样，五彩缤纷，形状不一，绮丽无比，在自然界中还没有哪种现象能与之媲美。任何彩笔都很难绘出那在严寒的两极空气中嬉戏无常、变幻莫测的炫目之光。

极光有时出现时间极短，犹如节日的焰火在空中闪现一下就消失得无影无踪，有时却可以在苍穹之中辉映几个小时；有时像一条彩带，有时像一团火焰，有时像一张五光十色的巨大银幕；有的色彩纷纭，变幻无穷，有的仅呈银白色，犹如棉絮、白云，凝固不变；有的异常光亮，掩去星月的光辉，有的又十分清淡，恍若一束青丝；有的结构单一，状如一弯弧光，呈现淡绿、微红的色调，有的犹如彩绸或缎带抛向天空，上下飞舞、翻动，有的软如纱巾，随风飘动，呈现出紫色、深红的色彩；有时极光出现在地平线上，犹如晨光曙色，有时极光如山茶吐艳，一片火红；有时极光密聚一起，犹如窗帘幔帐，有时它又射出许多光束，宛如孔雀开屏，蝶翼飞舞。

极光

非洲大陆为什么干旱严重？

你知道吗

非洲大陆是一个干燥的大陆，降水稀少，整个大陆有三分之一的地方全年降水量不足 200 毫米；北部和南部的沙漠地区年降水量不足 100 毫米，有的地方甚至多年滴雨不降。这是为什么呢？

科学原理

非洲大陆气候干燥的原因，主要是由其地形

干旱的非洲大陆

决定的。

首先，非洲大陆横跨赤道两侧。形状北宽南窄，全洲四分之三的面积在南北回归线之间，整个大陆受副热带高气压带和信风带控制的范围广大，气流以下沉为主，缺乏致雨条件；非洲东北部又和西亚紧邻，信风控制的地带盛吹从亚洲大陆来的东北风，东北风从较冷的高纬地区吹向较热的低纬地区。在移动过程中，气温不断升高，从而提高了含蓄水蒸气的能力，使水蒸气更难以凝结成水，所以吹来的是干燥风，降水机会少。

其次，非洲南部的德拉肯斯山脉耸立大陆东部，形成一座雨屏，使南部非洲的部分地区处在雨影区内，从印度洋洋面吹来的东南信风只能影响山地东南沿海的狭窄地带。

再次，非洲大陆虽为海洋环绕，但其海岸线平直，缺乏半岛和深入大陆的海湾，加之地势高，山地直逼海岸，从而减弱了海洋的影响。

还有，气候炎热也是非洲大陆持续干旱的重要原因。这里绝大部分地方的年平均气温在20℃以上。气温高了，蒸发量就大，就更显干燥。干燥气候造成沙漠面积扩大，反过来，又加深气候的干燥性。

延伸阅读

近40年，非洲发生了多次旱灾。1968～1973年间，在西非，特别是萨赫勒地带，发生了震惊世界的旱灾。此间该地区各国的年降水量一般不到正常年份的一半。乍得湖由于水位降低而分割成若干小湖，大片耕地龟裂，庄稼失收，牧草大面积枯死，人畜大量死亡。据统计，此次旱灾，约有20万人丧生。1983～1985年间，在西非大西洋沿岸到非洲之角，再向南直到南非的一些地区，发生了不同程度的旱灾和饥馑。至少有20个国家的3 000万人挨饿，1 000万人离家出走去寻找水源和食物。继这次旱灾，非洲从 1991 年开始又不断发生干旱和旱灾，1992 年 3 ~ 5 月，埃塞俄比亚南部和肯尼亚北部约有 75% 的牲畜死亡。联合国于同年 7 月 24 日发出警告，非洲撒哈拉周围国家近 4 000 万人由于干旱和内战面临着饥饿的威胁。索马里有 30 万人死于饥荒，100 万人流落他乡。同时，南部非洲也出现了 20 世纪最严重的旱灾。1992 年南部非洲大多数国家谷物收获量减少一半。联合国 1992 年 7 月 24 日消息，干旱已吞噬了南部非洲的主要农作物，约 1 800 万人急需救济。

 # 行星中的光环是怎么回事?

 ## 你知道吗

在太阳系中，土星被誉为"最美丽的天体"，它戴着的光环曾被认为是不可思议的奇迹。今天科学家经过大量研究发现，在太阳系八大行星中，不仅土星戴着光环，而且木星、天王星和海王星也是戴着光环的。这些行星中的光环是怎么回事呢?

科学原理

早在 1850 年，法国数学家洛希就推断出：由行星引力产生的起潮力能瓦解一颗行星，或瓦解一颗进入其引力范围的过往天体。这种起潮力能够阻止靠近行星运转的物质结合成一个较大的天体。

天王星与土星蓝色光环对比图

目前所知道的行星环就是位于这个理论范围内，其边界被称为洛希极限，是一个重力稳定性的区域。据此，科学家们对行星环的成因进行了三种推测：第一，由于卫星进入行星的洛希极限内，从而被行星的起潮力所瓦解；第二，位于洛希极限内的一个或多个较大的星体，被流星撞击成碎片而形成光环；第三，太阳系演化初期残留下来的某些原始物质，因为在洛希极限内绕太阳公转，而无法凝集成卫星，最终形成了光环。

不过，对于光环的成因，科学家们目前还只是猜测而已。更令他们疑惑不解的问题是那些窄环的存在，因为根据常规，天体碰撞、大气阻力和太阳辐射都会对窄环造成破坏，使它消散在空间。究竟是什么物质保护着窄环使其存在呢？一些学者提出，一定有一些人们尚未观测到的小卫星位于窄环的边缘，它们的万有引力使窄环得以形成并受到保护。这种观点被人们后来的发现所证实，因为人们不仅在土星而且在天王星的窄环中，也发现了两颗体积很小的伴随卫星，它们的复杂运动相互作用，使光环内的物质运动也缺乏规律性，也许这正是不同的行星环具有不同的形态的原因所在。

 ## 延伸阅读

在戴着光环的行星中，土星的光环最为壮观和奇丽。历史上首先发现土星光环的是意大利天文学家伽利略。1610 年，伽利略用刚刚发明不久的天文望远镜观测土星，发现它的侧面仿佛有一些什么东西。遗憾的是，直到他去世，也没有弄清楚那些东西究竟是什么玩意儿。

1655 年，荷兰天文学家惠更斯终于搞清了土星光环形状不断变化的原因：那是因为它以不同的角度朝向我们。当我们恰好从它的侧边看去时，薄薄的光环就仿佛隐而不见了。土星光环厚约 10 余千米，宽约 6.6 千米，它可以细分为几个环带，中间夹着暗黑的环缝。

土星美丽的光环

1977 年 3 月 10 日, 包括中国在内的许多国家的天文学家, 各自观测到了一次罕见的天文现象——天王星掩恒星。观测的结果使科学家们大为惊奇: 在天王星遮掩恒星之前, 人们已经观测到一组 "掩", 在天王星本体掩星之后, 又观测了另一组类似的 "掩"。造成这些 "掩" 的, 原来是围绕着天王星的一些 "光环"。这些环都极细, 而且彼此都离得较远。1986 年 1 月, 美国发射的 "旅行者 2 号" 宇宙飞船飞越天王星时, 又发现了几个新的环带。现在, 已经知道天王星共有 11 道环。

"旅行者 1 号" 是 1977 年 9 月发射的。1979 年 3 月初, 它从离木星大约 27.5 万千米处掠过这颗巨大的行星时, 发现木星也有一群细细的环。木星环厚约 30 千米, 总宽度超过 6 000 千米, 光环与木星的中心距离约 12.8 万千米。

1989 年 8 月, "旅行者 2 号" 宇宙飞船飞越海王星时, 证实了海王星也有光环。海王星的光环有 5 道。

科学家们经过观测研究后发现, 行星的光环主要是由无数的小碎块组成。碎块的大小可以用米做单位来量度。每个碎块仿佛都是一颗小小的卫星, 在自己的轨道上绕着主体行星运行不息。

为什么十五的月亮十六圆?

 你知道吗

从 2002 年开始直到 2005 年, 连续 4 年, 中秋月都圆在农历八月十五。

但从 2006 开始，连续 5 年，都不能在八月十五观赏到最圆的月亮。到了 2011 年，才能赶上"十五的月亮十五圆"。为什么"十五的月亮"有时会"十六圆"呢？

十五的月亮

 ## 科学原理

月亮最圆满明亮的时刻是在"望"时。什么是"望"？每逢农历初一，月亮运行到地球和太阳之间，月亮被照亮的半球背着地球，我们看不到月亮，叫做"新月"，也叫"朔"；到了农历十五、十六，月亮上亮的一面全部向着地球，于是我们看到了圆圆的月亮，称为"满月"，也叫"望"。根据农历历法规定，"朔"所在这一天为每月初一日。众所周知，阴历是以月亮绕地球运转为规律而制定的，所以它与月相对应得很准确。但农历是综合阴历、阳历优点混合而成的，这就难免会有误差，当人们把农历初一定为"朔"时，"望"则要视月球运转情况而定，通常它会出现在农历十五、十六两天。

导致满月迟来的根本原因，是月球围绕地球公转速度不恒定。受几百种因素干扰，月球绕地球公转速度有时快、有时慢，从"朔"到"朔"或从"望"到"望"，所经历的平均周期是 29.53 天，但最长与最短周期相差 13 个小时。如果"望"以前月亮的"脚步"慢，则从"朔"到"望"可能要走 16～17 天，所以会出现"十五的月亮十六圆，甚至是十七圆"。

延伸阅读

古今中外有多少种历法，我们没有统计过。总之一个民族有一个民族的历法，一个时代有一个时代的历法。时代愈近，科学愈发达，测试手段愈先进，历法就愈科学。我们中国从古至今使用过的历法，就有一百多种。不过不管有多少种历法，都可以把它们分别归到以下三大系统中去：阳历、阴历、阴阳合历。这是因为计算时间，要么以地球绕太阳公转的周期为基础，要么以月亮绕地球公转的周期为基础，要么把两种周期加以调和。前者属于阳历系统，后者属于阴历系统，调和者则属于阴阳合历系统。

阳历，是以地球绕太阳公转的周期为计算的基础的，要求历法年同回归年（地球绕太阳公转一周）基本符合。它的要点是定一阳历年为 365 日，机械地分为 12 个月，每月 30 日或 31 日（近代的公历还有 29 或 28 日为一个月者，例如每年二月），这种"月"同月亮运转周期毫不相干。但是回归年的长度并不是 365 整日，而是 365.242 199 日，即 365 日 5 时 48 分 46 秒余。阳历年 365 日，比回归年少了 0.242 199 日。为了补足这个差数，所以历法规定每 4 年中有一年再另加 1 日，为 366 日，叫闰年，实际是闰 1 日。即使这样，同实际还有差距，因为 0.242 199 日不等于 1/4 日，每 4 年闰 1 日又比回归年多出约 0.007 8 日。这么小的数字，一年两年看不出什么问题，如果过了 100 年，就会比回归年多出约 19 个小时，400 多年多出近 75 个小时，相当于 3 个整日多一点，所以阳历历法又补充规定每

400 年从 100 个闰日中减去 3 个闰日。这样，400 阳历年闰 97 日，共得 146 097 日，只比 400 回归年的总长度 146 096.879 6 日多 2 小时 53 分 22.5 秒，这就大体上符合了。这种历法的优点是地球上的季节固定，冬夏分明，便于人们安排生活，进行生产。缺点是历法月同月亮的运转规律毫无关系，月中之夜可以是天暗星明，两月之交又往往满月当空，对于沿海人民计算潮汐很不方便。我们今天使用的公历，就是这种阳历。

阴历，是以月亮绕地球公转的周期为计算的基础的，要求历法月同朔望月（月亮绕地球公转一周）基本符合。朔望月的长度是 29 日 12 小时 44 分 2.8 秒，即 29.530 587 日，两个朔望月大约相当于地球自转 59 周，所以阴历规定每个月中一个大月 30 日，一个小月 29 日，12 个月为一年，共 354 日。由于两个朔望月比一大一小两个阴历月约长 0.061 日（大约 88 分钟），一年要多出 8 个多小时，三年要多出 26 个多小时，即一日多一点。为了补足这个差距，所以规定每三年中有一年安排 7 个大月，5 个小月。这样，阴历每三年 19 个大月 17 个小月，共 1 063 日，同 36 个朔望月的 1 063.100 8 日相比，只相差约 2 小时 25 分 9.1 秒了。阴历年同地球绕太阳公转毫无关系。由于它的一年只有 354 日或 355 日，比回归年短 11 日或 10 日多，所以阴历的新年，有时是冰天雪地的寒冬，有时是烈日炎炎的盛夏。今天一些阿拉伯国家用的回历，就是这种阴历。

阴阳合历，是调和太阳、地球、月亮的运转周期的历法。它既要求历法月同朔望月基本相符，又要求历法年同回归年基本相符，是一种综合阴、阳历优点，调合阴、阳历矛盾的历法，所以叫阴阳合历。我国古代的各种历法和今天使用的农历，都是这种阴阳合历。

06

车轮为何是圆的？

如今，人们的出行方式变得多种多样，从久远的马车、人力车到几十年前的自行车发展到现在的公交车、出租车、私家车，出远门则可以选择火车、轮船、飞机，而且在不远的将来，我们还可以乘坐宇宙飞船或者航天飞机去往浩渺无垠的太空进行一场只有在科幻电影中才可以看到的星际旅行。

形形色色的交通工具极大地方便了人们的出行，这一切都有赖于科技的进步。也许你不曾想过，就连我们司空见惯的车轮中也包含着不为我们熟知的科学知识——它为何不是方形、三角形、多角形，而是圆形的呢？如果你还想了解其他有关"马路上的科学"，就随我来吧！

飞机为什么怕小鸟？

 ## 你知道吗

据统计，世界上由于鸟类引起的飞行事故几乎每年都有发生。这是因为鸟类一旦飞进飞机的喷气发动机内，就会造成故障甚至引起爆炸。另外，鸟类与飞机的碰撞也会造成飞机的严重损坏甚至失事。为什么庞大的飞机会怕小鸟呢？

科学原理

据专家测试，一只 450 克重的小鸟撞在时速为 80 千米的飞机上，会产生 153 千克的冲击力，而一只 7 千克的大鸟撞在时速为 960 千米的飞机上，它的冲击力将达 144 吨！尽管小鸟的体积很小，但是由于它与飞机相对运动的速度很高，使得小鸟变得像炮弹一样有力。如果小鸟撞坏飞机挡风玻璃，会直接影响飞行员的生命安全。所以，飞机在飞行中害怕遇到空中的小鸟。1962 年 11 月，赫赫有名的"子爵号"飞机正在美国马里兰州伊利奥特市上空平稳地飞行，突然一声巨响，飞机从高空栽了下来。事后发现酿成这场空中悲剧的罪魁祸首就是一只在空中慢慢翱翔的天鹅。

庞大的飞机很害怕小鸟

延伸阅读

飞机上为什么要有黑匣子?

被当做飞机飞行状况"见证人"的黑匣子,其实并非是黑的,而常呈橙红色。因为它能帮助破解飞行事故(尤其是飞机在失事瞬间和失事前一段时间的飞行状况)的秘密,因此叫"黑匣子"。

黑匣子外壳坚实,为长方体,约等于四五块砖头垒在一起一般大。内部净是些电气器件,实质上是一台收发信号机。在飞机飞行过程中,它能将机内传感器所收集到的各种信息及时接收下来,并自动转换成相应的数字信号连续进行记录。当飞

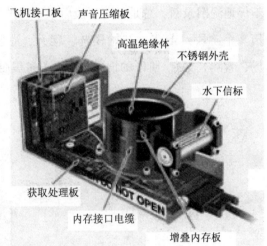

飞机接口板　声音压缩板
高温绝缘体
不锈钢外壳
水下信标
获取处理板
内存接口电缆
增叠内存板

黑匣子内部结构图

机失事时,依靠黑匣子的紧急定位发射机自动向四面八方发射出特定频率(例如37.5千赫),类似心跳般有规律的无线电信号,"宣告"自己所处的方位,以便搜寻者溯波寻找。1974年,一架波音707坠入水深3 000多米的海底,就是靠这种无线电定位信号找到黑匣子的。因为匣内电池容量有限,定位发信机通常只能连续工作个把月,如果打捞不及时,黑匣子就会销声匿迹。

每架飞机上,黑匣子通常有两个,它们的学名分别叫"飞行数据记录

仪"和"机舱话音记录器"。前者主要记录飞机的各种飞行数据,包括飞行姿态、飞行轨迹(航迹)、飞行速度、加速度、经纬度、航向以及作用在飞机上的各种外力,如阻力、升力、推力等,共约200多种数据,可保留20多个小时的飞行参数。超过这个时间,数据记录仪就自动吐故纳新,旧数据被新数据覆盖。机舱话音记录器主要记录机组人员和地面人员的通话、机组人员之间的对话以及驾驶舱内出现的各种音响(包括飞机发动机的运转声音)等。它的工作原理类似普通磁带录音机,磁带周而复始运行不停地洗旧录新,总是录留下最后半小时的各种声音。一次飞行通常要经历8个阶段(起飞、初始爬升、爬升、巡航、下降、开始进场、最后进场、着陆),每一阶段的情况,都瞒不过黑匣子的"耳朵"。

 ## 轮船的底部为什么都是红色的?

你知道吗

海上有形形色色的船,有体态轻盈的小船,也有高大笨重的大油轮,还有巨型货船等等,但这些船的底部大多都是红色的,是因为红色鲜艳夺目还是有其他的原因呢?

巨型货船的底部
是红色的

科学原理

盐水对铁钉有腐蚀作用,而海水对钢铁船体同样有腐蚀作用,因此,轮船船体都要涂上油漆。同时，在海里生长着的贝类等小生物，常常容易附着到船的底部，形成一层附着生物，这就会增加航行的阻力，降低轮船速度。因此，为了防止海洋中的生物附着在船底，人们就用含有毒质的油漆涂在吃水线以下的船体上。这些掺在油漆里的含毒物质大多数都是红色的，所以轮船的底部呈红色。

延伸阅读

轮船的汽笛分别表示什么意思？

一声短，请从东船左舷会船；

二声短，请从东船右舷会船；

三声短，本船正式倒车或有倒退的倾向；

四声短，不同意对方要求，请对方采取避让行动；

六声短，轮船遭险呼救；

一声长，本船离开码头或泊位；

二声长，要求通过船闸或靠泊；

三声长，有人落水，需要抢救；

一长一短声，本船正在向右转弯或掉头；

一长两短声，本船正在向左转弯或掉头；

一长一短又一长声，我希望与你联系；

两长声一短声，追越船要从前船右舷通过；

两长声两短声，追越船要从前船左舷通过；

一长一短又一长一短声，同意对方要求；

一长两短一长声，要求来船等候我通过；

三短一长声，本船需要援助。

帆船是如何穿越大洋的？

 ## 你知道吗

帆船是一种古老的水上交通运输工具，因船上有一个宽大的帆而得名。我们知道，帆船不像轮船、汽艇，它本身是没有动力的，但是帆船航行时速度相当快，甚至穿越大洋也不成问题。仅仅依靠看似构造简单的船帆，帆船就可以"乘风破浪"吗？它是怎么做到的呢？

 ## 科学原理

人类长期在与大风大浪的搏斗中发现，风能把船掀翻，而顺风航行，不用划桨也能前进。同

飞剪式帆船

时，人们还进一步发现，风推动船的力量与船体的受风面积有关。经过无数次的摸索实验，我们祖先开始利用风力行船。

最早的帆是用一根或两根木棍撑起一块兽皮或织物。这是船舶动力从人力到风力的一个飞跃。初期的帆不能动，只能依靠顺风，风不顺就只好落帆划桨，或进避风港。但落帆划桨很费力，总进避风港也不是办法。于是人们把帆改造得可以转动角度，这就使"死帆"变成了"活帆"，这样帆船就可以得心应手地被应用了。在热带海洋地区，赤道附近炽热的阳光使暖空气上升，进入高空大气层。亚热带冷空气下沉，下沉的空气又流向

海面，代替了上升的空气，这种大规模的气流运动形成了信风，远航的帆船就是依靠这种稳定的、可预测的信风为动力，乘着风穿越大洋的。

延伸阅读

帆船是水上运动项目之一。帆船比赛是运动员驾驶帆船在规定的场地内比赛速度的一项运动。

帆船运动中，运动员依靠自然风力作用于船帆上，驾驶船只前进，是一项集竞技、娱乐、观赏、探险于一体的体育运动项目。它具有较高的观赏性，备受人们喜爱。现代帆船运动已经成为世界沿海国家和地区最为普及而喜闻乐见的体育活动之一，也是各国人民进行体育文化交流的重要内容。

帆船比赛

经常从事帆船运动，能增强体质，锻炼意志。特别是在风云莫测，海浪、气象、水文条件的不断变化中，迎风斗浪，能培养战胜自然、挑战自我的拼搏精神。

帆船比赛主要有两种形式，一种为集体出发的"船队比赛"，另一种为两条船之间一对一的"对抗赛"。奥运会帆船比赛都是采用"船队比赛"的方式。

起航信号发出后，赛船的船体、船员或装备的任何部分在通向第一标的航向时，触及起航线，即算"起航"。起航信号发出前，赛船的船体、装备或船员身体的任何部分触及起航线或其延长线，均为"抢航"。抢航者要在规定的时间内按规定的方式返回到起航准备区重新起航。参赛帆船的船体、装备或运动员身体的任何部分，在按照规定的比赛航程上绕过了所有规定的标志并触及终点线时，该船即为结束比赛。

 为什么要在铁轨下面铺碎石头？

 你知道吗

从铁轨上走过，碎石咯着鞋底，看着这些被安放得整整齐齐的碎石头，你是否会发出这样的疑问：为什么要在铁轨下面铺上碎石头呢？

科学原理

铁轨下面铺上碎石头是因为铁轨和枕木必须长期承受火车的重量，而碎石头的一个任务就担任着防止铁轨下陷的缓冲工作。另外火车高速通过铁轨，会产生噪音和高热，而碎石头的另外两个重要工作就是吸收噪音和热量。

大家如果注意，会发现铁轨间铺的石头都是凿碎的，形状非常不规则，这样的石头容易

铺满碎石的铁轨

碎裂，如此一来，就可以因为石头的碎裂而吸收掉火车通过时所产生的高热；如果铺的是圆润光滑的石头，因为不容易碎裂，吸热的效果就不好了。

延伸阅读

关于火车铁轨宽度的来源，还有个有趣的故事呢！早在2 000多年前，古罗马派出大批军队入侵英国，无数的战车在英国的大地上辗过，在道路上留下了很深的车辙。当时，这种两轮间距约为1 435毫米的车辙印迹，使英国的四轮马车很容易陷进去。英国人为了使自己的车辆也能沿着凹陷很深的车辙顺利行进，决定把所有的马车轮距都改造成1 435毫米。

结果，这个传统被沿袭了下来。直到1825年，世界上第一条铁路在英国建成，铁路的轨距也就顺理成章地定为1 435毫米了。

后来，随着工业革命的发展，许多国家也相继兴建了铁路，而且纷纷将英国的铁路轨距照搬过来。1973年，国际铁路协会规定：铁路的标准轨距为1 435毫米。为了使铁路运输能规范地发展，我国的绝大部分铁路线都采用了国际标准的1 435毫米轨距。

车轮为何是圆的？

你知道吗

现代的汽车、火车、电动车等各种各样车的车轮都是圆形的。车轮为什么是圆形的，你思考过吗？

自行车的车轮也是圆形的

各式各样的汽车车轮都是圆形的

 ## 科学原理

把车轮做成圆形，车轴安在圆心上，当车轮在地面滚动的时候，车轴离开地面的距离，就总是等于车轮半径那么长。因此安装在车轴上的车厢，车厢里坐的人，都将平稳地被车子拉着走。假设这车轮子是个破的，已经不成圆形了，轮缘上高一块低一块的，也就是说从轮缘到轮子圆心的距离都不相等，那么这种车子走起来，一定会把你的头颠昏。车轮做成圆的，当然也还有别的原因，例如：当一样东西在地上滚动的时候，要比在地面上拖着走省劲多了，这是因为滚动摩擦阻力比滑动摩擦阻力小的缘故。

延伸阅读

轮胎上的花纹有没有标准图案？

你一定注意到汽车、自行车等橡胶轮胎上都有凸凹不平的花纹。加这些花纹，目的是增加轮子与地面间的摩擦力，防止轮子在地面打滑。早在1892年前后，人们制造车轮时就开始在轮胎上加花纹了，当时的花纹都很简单，随着车辆速度、载重量的提高，路面的改进，轮胎花纹也在不断变化，以适应新的要求。

现在的轮胎花纹大致分为通用、高越野性和联合式花纹三大类。而它们的几何形状有纵向直线、横向直线、斜线、块形和混合式等五种，各种花纹适合不同的行驶情况。例如，公共汽车轮胎上常见的是

轮胎上的竖条纹

纵向直线型和锯齿型花纹，适合在硬性路面上行驶，可以消除噪声，也称无声花纹。车辆在荒野及松软土地上行驶，适宜使用高越野花纹，它块大、沟深，行驶时不容易陷在沟里，却很能"啃泥"，使轮子不打滑，拖拉机、起重机常在较疏松的泥地行驶，特别适合选用这类花纹的轮胎。联合式花纹轮胎适应性强，既能在硬性路面上行驶，又可在松软路面上行驶，甚至可以在冰雪路面上行驶，因此使用最为广泛。

为何有时汽车的轮子像在反转？

你知道吗

在昏黄的路灯灯光下，一辆辆汽车从我们身边疾驰而去。小明是个爱车之人，他把车窗打开，欣赏着眼前的车流。突然，一辆高档的黑色轿车吸引了他的眼球。没过多久，只听得他发出一声惊奇的叫声："咦！那汽车的车轮看起来怎么反转了？与它行驶的方向不一致了？"你知道这是为什么吗？

高速行进的轿车

科学原理

物体在快速运动时，当人眼所看到的影像消失后，人眼仍能继续保留其影像 0.1～0.4 秒左右的图像，这种现象被称为视觉暂留现象。这是由于人眼观看物体时，成像于视网膜上，并由视神经输入人脑，才能感觉到物体的像。但当物体移去时，视神经对物体的印象不会立即消失，而要延续 0.1～0.4 秒的时间。

汽车高速行驶时也是如此。如果汽车轮子转动的角度正好与轮辐转到同一位置，你看的时候感觉轮子没有转动。如果轮辐转到比轮子的同一位置多一点，你看的时候感觉轮子只转动了一点，其实轮子可能已转了好几圈了，同样，如果轮辐转到同一位置少一点，你看的时候就感觉轮子在倒转了。

延伸阅读

在日常生活中，许多现象和视觉暂留有关，例如：我们使用的日光灯每秒钟要熄灭一百次，可是由于人眼有视觉暂留的特性，在一般情况下，我们察觉不到灯光的闪动。又如，在京剧《大闹天宫》里，当孙悟空迅速挥舞金箍棒的时候，金箍棒看上去就像是围绕着演员的一团金光，非常好看，这也是视觉暂留造成的。

正是由于视觉暂留现象，才使我们看到活动电影。电影银幕上，每秒钟更换二十四张画面。由于人的眼睛有视觉暂留的特性，一个画面的印象还没有消失，下一个稍微有一点差别的画面又出现在银幕上，连续不断的印象衔接起来，就组成了活动电影。

汽车是靠什么力量行驶的？

你知道吗

我们都知道人是靠食物来维持生命和获取能量的，食物在我们身体内部经过各种变化，转变成人体所需要的营养和能量。那么，汽车的食物又是什么呢？我们经常看见司机给他们不断地"喝"油，可见，汽车的食物就是汽油。那么汽油又是怎样在汽车的身体里转换成能量的呢？

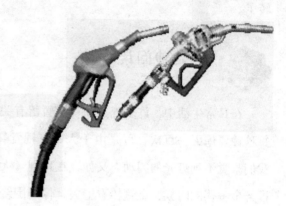

汽车需要加油才能行驶

科学原理

根据能量转化的原理我们知道，热能可以转化为机械能。汽车里的发动机将汽油燃烧产生的热能转化成动能，再通过传动轴带动车轮转动。具体来说，汽油燃烧，会产生大量匀速膨胀的气体，该气体推动活塞作直线运动，直线运动的活塞带动曲轴发生转动，转动的曲轴通过传动轴将该转动传导到车轮上，这样汽车就可以行驶了。不过，汽车使用的汽油发动机设计得可是精密的，燃料与空气的混合比例、点火的时机等都把握得很准确，以保证汽车可以平稳地运行。

延伸阅读

#是指汽油辛烷值指标。汽油一般有 90 号，93 号，97 号，98 号。

所谓的 97 号汽油，就是 97% 的异辛烷，3% 的正庚烷。在引擎压缩比高者应采用高辛烷值汽油，若压缩比高而用低辛烷值汽油，会引起不正常燃烧，造成震爆、耗油及行驶无力等现象。

汽油标号的高低只是表示汽油辛烷值的大小，应根据发动机压缩比的不同来选择不同标号的汽油。压缩比在 8.5 ~ 9.5 之间的中档轿车一般应使用 93 号汽油；压缩比大于 9.5 的轿车应使用 97 号汽油。目前国产轿车的压缩比一般都在 9 以上，最好使用 93 号或 97 号汽油。

高压缩比的发动机如果选用低标号汽油，会使汽缸温度剧升，汽油燃烧不完全，机器强烈震动，从而使输出功率下降，机件受损。低压缩比的发动机硬要用高标号汽油，就会出现"滞燃"现象，即压到了头它还不到自燃点，一样会出现燃烧不完全现象，对发动机也没什么好处。

车辆越高档对燃油质量的要求也越高，例如 30 万元以上的中高档车，就只能加 95 号或 97 号汽油，而这里说的 95 号和 97 号代表的只是汽油中的辛烷值能量的大与小，并不能说明 97 号汽油就比 93 号汽油清洁。而高档汽车对汽油的清洁度却要求极高，如果汽油的标号不够，对车辆的影响很快就能表现出来，如加完油后马上出现加速无力的现象；如果汽油杂质过多，对汽车的影响就要一段时间后才能反映出来，因为积碳或胶质增多到一定程度才会影响汽车行驶。

防弹玻璃是如何防弹的？

你知道吗

其实从外表看，一块防弹玻璃和一块普通玻璃没什么两样。然而，这只是它们唯一的相似之处了。一块普通玻璃，只要一颗子弹就能将其击碎。而防弹玻璃，根据玻璃厚度和射击武器的不同，可以抵挡一发到数发

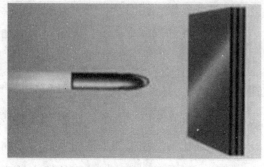

子弹的袭击。那么，是什么赋予了防弹玻璃抵御子弹的能力呢？

采用特殊材料制成的防弹玻璃

科学原理

防弹玻璃是在普通的玻璃层中夹上聚碳酸酯材料层，这一过程称为层压。在这个过程中，形成了一种类似普通玻璃但比普通玻璃更厚的物质。聚碳酸酯是一种硬性透明塑料——人们通常用它的品牌（莱克桑、Tuffak 或者 Cyrolon）来称呼它。

防弹玻璃的厚度在 7～75 毫米之间。射在防弹玻璃上的子弹会将外层的玻璃击穿，但聚碳酸酯玻璃材料层能够吸收子弹的能量，从而阻止它穿透玻璃内层。防弹玻璃的防弹能力取决于玻璃的厚度。步枪子弹冲击玻璃的力度比手枪子弹要大得多，所以防御步枪子弹的防弹玻璃比仅仅防御手枪子弹的防弹玻璃要厚得多。

有一种单向防弹玻璃，它的一侧能够防御子弹，却不阻碍子弹从另一侧穿过。这就使得受到袭击的人能够进行回击。这种防弹玻璃是由一层脆性材料和一层韧性材料层压而成的。

想象一辆配备有这种单向防弹玻璃的小汽车，如果车外有人向车窗射击，子弹会先击中脆性材料层，冲击点附近区域的脆性材料会变得粉碎，并在大范围内吸收部分能量，韧性材料则吸收子弹剩余的能量，从而抵挡住子弹。从同一辆车中由内向外发射的子弹能够轻易地击穿玻璃。因为子弹的能量击中在一个小区域里，使得韧性材料外弹，这又使得脆性材料向外破碎，从而让子弹击穿韧性材料，击中目标。

延伸阅读

为什么汽车的前窗是倾斜的？

除大型客车外，绝大多数汽车的前窗都是倾斜的，当汽车的前窗玻璃倾斜时，车内乘客经玻璃反射成的像在本窗的前上方，而路上的行人是不可能出现在上方的空中的，这样就将车内乘客的像与路上行人分离开来，司机就不会出现错觉。

大多数汽车的前窗都是倾斜的

大型客车较大，前窗离地面要比小汽车高得多，即使前窗竖直装，像是与窗同高的，而路上的行人不可能出现在这个高度，所以司机也不会将乘客在窗外的像与路上的行人混淆。

轿车后玻璃窗上的
线条有什么用？

你知道吗

许多小轿车后窗玻璃上都有一条条黄褐色"五线谱"线条，许多人不明白是怎么回事，有的人认为是小轿车的商标标志物，有的人说是汽车的装饰品，你知道它的用途吗？

汽车后窗上的条纹并不是为了装饰

科学原理

其实，这些线条是小轿车后窗玻璃的除霜装置。冬天的时候，由于天气寒冷，在轿车内部，人体呼出的湿热气体和发动机产生的热气聚集在一起，使车厢内外的温度有了很大的差别。车子在行驶过程中，车厢里的湿热空气一接触到冷冰冰的轿车后窗玻璃，便在玻璃上结成一层冰霜。这样，结了霜的后窗玻璃就会遮挡驾驶员的视线，驾驶员就不能通过面前的后视镜发现后窗玻璃的情况，不能倒车，影响安全行车。

因此，人们便在后窗双层玻璃的夹层里，设置一条条细小的间隔均匀的电热丝，把它通上电后，便能像电炉那样，发出热量，把冰霜迅速融化、蒸发掉，使后窗玻璃始终保持透明清晰。

延伸阅读

汽车前挡风玻璃的出现

早在 1919 年，汽车数量很少，并且以相当慢的速度运行。当它们出现在大街上的时候，还没有安装挡风玻璃。为了防御恶劣的天气、昆虫以及其他路上的碎片，司机和乘客一般都使用护风镜。可以想象一下，在高速行进的车里没有挡风玻璃会是什么景象。

当机动车辆变得更加普遍而且速度提高以后，风和小碎片打在驾驶者的脸上变成一个日益严重的问题。为了减少这种麻烦，制造商在车上加了一块玻璃，从文字上讲叫挡风玻璃。新的挡风玻璃使司机更加舒适，但是他们还不足以抵御飞来的小碎片。这些最初的挡风玻璃由平板玻璃手工切割而成。但是，不幸的是当玻璃破碎的时候，平板玻璃会碎成大片的危险的尖锐碎片，看起来不具备令人满意的挡风玻璃的特质。

大约在 20 世纪 20 年代中期，亨利·福特由于一块挡风玻璃碎片受了轻伤，这促使他发明了夹层安全玻璃。得益于逐步扩大的塑料工业的发展，福特突然有个想法就是把两块玻璃夹在一起，中间用一层 PVB 塑料隔开做成一种类似三明治的东西。这种技术现在仍在应用。这个想法非常适合挡风玻璃的要求，因为塑料夹层可防止玻璃破碎后像阵雨一样落在车中人身上。还有一个好处就是这层塑料使挡风玻璃具有吸收能量和减震的性能，这种性能有助于在事故发生时保护乘客。

钢化玻璃是安全玻璃的另外一种广泛应用于现代汽车的侧窗和后窗玻璃。与夹层玻璃相比，钢化玻璃通过受热和加压增加了强度。它受到破坏时粉碎成像面包屑一样的圆滑的小颗粒，从而减少了玻璃碎片伤人的可能性。遗憾的是钢化玻璃不适于修理和复位，因此适用于完全损坏的侧窗和后窗玻璃。

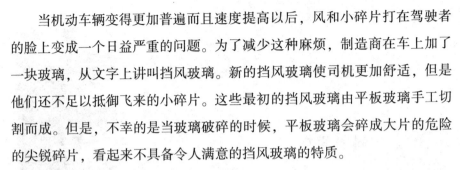

为什么交通信号灯
用红、黄、绿三种颜色？

你知道吗

交通信号灯安装在交通岗亭上，用于指挥交通。20 世纪 20 年代后，

Wuchubuzai De Kexue Congshu

自动变换颜色的交通信号灯开始在全世界的大小市镇安家落户。现在，世界各国一般都采用红、黄、绿三种颜色作为交通信号。那么，为什么交通信号灯要采用红、黄、绿这三种颜色呢？

交通信号灯

科学原理

在红、橙、黄、绿、青、蓝、紫七种颜色中，以红色的光波最长，光波越长穿透周围介质的能力就越大。因此，红色显示得最远。而且，人的眼睛对红色的感觉也比较敏锐，因此，红色常用于警告类的标示用色。人们在一些场合或物品上，看到红色标示时，常不必仔细看内容，即能了解警告危险之意。在工业安全用色中，红色即是警告、危险、禁止、防火的指定色，所以红色被采用作为停车信号。

黄色光的波长仅次于红色，显示的距离也比较远。在工业安全用色中，橙色也属于警告危险色，常用来警告危险或提醒注意，如工程用的大型机器，学生用雨衣、雨鞋等，都使用黄色，因而被采用作为缓行信号。

绿色光也是波长较长的一种色光，显示距离也比较远，绿色还包含清爽、理想、希望、生长等含义。在工厂中为了避免操作时眼睛疲劳，许多工作的机械也是采用绿色，一般的医疗机构场所，也常采用绿色来做空间色彩，同时绿色和红色的区别最分明，易于分辨，因此被采用作为通行信号。

延伸阅读

19 世纪初，在英国中部的约克城，红、绿装分别代表女性的不同身份。着红装的女人表示已结婚，着绿装的女人则是未婚者。英国伦敦议会大厦前经常发生马车轧人的事故，人们受红、绿装启发，红、绿两色的交通信号灯于1868年首先出现在英国伦敦。当时，这种信号灯使用的是煤气，安装不久就发生了爆炸，结果被禁止使用。直到20世纪初，交通信号灯才在美国重新出现。

黄色信号灯亮时可以通过，因为它只是起到提醒的作用，表示信号灯将发生变化。有时候，红、绿灯关闭了，只有黄灯在不停地闪烁，这同样表示可以通过路口，但车辆应降低速度，以保证安全。

黄色信号灯于1918年首先出现在英国伦敦，它减缓了红、绿灯变换的速度，有效地减少了路口的交通事故。

现在的交通信号灯是由计算机来控制的。在路口周围和地下，设置着各种检测装置，记录下各个时段的交通流量，并把这些信息输入计算机，计算机经过测算，就能制定适合实际情况的红、绿灯切换频率了。

为什么地铁上的座位方向与公交车上的不同？

你知道吗

不知道你有没有留意过，公交车一般采用横排坐椅，但地铁上的座位却是"非"字形的排座方式。这种排座方式提供的座位不多，乘客舒适度也不高，采用这样的设计有什么原因吗？

科学原理

地铁车厢的座位是"非"字形

地铁列车的内部结构设计主要是以能提供最大的旅客承载数为主，当初有几个方案在讨论：第一个就是像采用横排坐椅方式，此种内部结构可提供列车最大的载客数，但是有一个缺点就是坐位较少，乘坐舒适度最低；第二个就是现在的内部结构采用"非"字形坐椅排列；第三个是与公交车一样采用一排一排的坐椅，此方式旅客承载数是最低的，但是旅客的乘坐舒适度最好。经过讨论后决定采用折中方案就是第二种坐椅排列法，因为它最符合地铁的运量，在低峰时可提供最充足的座位，而在尖峰时又能提供最好的载运量。

延伸阅读

世界上首条地下铁路系统是在 1863 年开通的伦敦大都会铁路，是为了解决当时伦敦的交通堵塞问题而建。当时电力尚未普及，所以即使是地下铁路也只能用蒸汽机车。由于机车释放出的废气对人体有害，所以当时的隧道每隔一段距离便要有和地面打通的通风槽。

到了 1870 年，伦敦开办了第一条客运的钻挖式地铁，在伦敦塔附近越过泰晤士河。但这条铁路并不算成功，在数月后便关闭。现存最早的钻挖式地下铁路则在 1890 年开通，亦位于伦敦，连接市中心与南部地区。最初铁路的建造者计划使用类似缆车的推动方法，但最后用了电力机车，使其

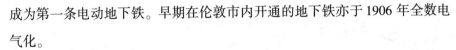
成为第一条电动地下铁。早期在伦敦市内开通的地下铁亦于 1906 年全数电气化。

1896 年，当时奥匈帝国的城市布达佩斯开通了欧洲大陆的第一条地铁，共有 5 千米，11 站，至今仍在使用。

法国巴黎的巴黎地铁在 1900 年开通，最初的法文名字 "Chemin de Fer Métropolitain" （法文直译意指 "大都会铁路"）是从 "Metropolitan Railway" 直接译过去的，后来缩短成 "métro"，所以现在很多城市轨道系统都称 metro。俄罗斯的地铁也顺理成章，只是改用了西里尔字母，称为 Метро。

油罐车后为什么要安条铁链？

你知道吗

在马路上，我们经常会看到有一种奇怪的现象，油罐车会拖着一条长长的铁链，这条铁链把汽车底盘与路面连接起来。这条铁链是多余的吗？

油罐车

科学原理

汽车在行驶的过程中轮胎与地面的摩擦会产生大量的静电，而轮胎又是不导电的，这样就会使汽车积聚大量的电能。对油罐车来说，小小的火花就能引起一场大火灾，因为油罐当中的油在汽车运行当中会在里面来回摇晃，与油罐的金属壁产生摩擦，从而产生静电，当静电电量达到一定程度，就会产生火花，既而引起油箱内着火爆炸，所以，用一条铁链连通油罐壁到地上，目的是将静电导入地下，就和三孔插头的地线一样。

延伸阅读

在公元前 6 世纪，人类就发现琥珀摩擦后，能够吸引轻小物体的"静电现象"。这是自由电荷在物体之间转移后，所呈现的电性。此外丝绸或毛料摩擦时，产生的小火花，是电荷中和的效果。"雷电"则是大自然中，因为云层累积的正负电荷剧烈中和，所产生的电光、雷声、热量。

大自然中有许多关于"静电现象"的例子，像塑胶袋与手之间的吸引、似乎是自发性的谷仓爆炸、在制造过程中电子元件的损毁、影印机的运作原理等等。当一个物体的表面接触到其他表面时，电荷集结于这物体表面成为静电。虽然电荷交换是因为两个表面的接触和分开而产生的，只有当其中一个表面的电阻很高时，电流变得很小，电荷交换的效应才会被注意到。因为，电荷会被入陷于那表面，在那里度过很长一段时间，足够让这效应被观察到的一段时间。

为什么直升机能垂直起飞？

你知道吗

我们去机场送别亲朋好友，会看到飞机呼啸着从跑道起飞，越来越高，越来越远，最后从我们的视线里消失。可是大家注意过直升机吗？我们在电视上看到的用于搜救的飞机都是直升机，它不仅能原地起飞，也可以原地降落。那么，为什么直升机可以垂直起飞呢？

直升机可以原地起降

科学原理

竹蜻蜓为现代直升机的发明提供了启示，虽然现代直升机比竹蜻蜓复杂千万倍，但其飞行原理却与竹蜻蜓有相似之处。现代直升机的旋翼就好像竹蜻蜓的叶片，旋翼轴就像竹蜻蜓的那根细竹棍儿，带动旋翼的发动机就好像我们用力搓竹棍儿的双手。直升机的顶上有主旋翼，其叶片和水平旋转面之间有一个倾角，倾角越大，升力也就越大。当发动机带动主旋翼旋转时，旋转的叶片将空气向下推，形成一股强风，而空气也给直升机一股向上的反作用升力，当升力大于地球对机身的引力时，直升机就可以垂直起飞了。

延伸阅读

直升机的"头"上有一个大的螺旋桨，整个飞机就是靠它的高速旋转带动起飞的。但是在起飞过程中，机身也会被带动而旋转起来。为了克服这个问题，飞机尾部设计安置了一个小型的螺旋桨，通过它产生相反方向的推动力，从而能够抵消机身的旋转力。可不要小看这个螺旋桨，直升机的左转、右转以及保持稳定的航向，都是靠它来完成的。同时，为了避免螺旋桨碰到旋翼，就必须把直升机的机身加长。所以，直升机就有了一个蜻蜓式的长尾巴。

另外，直升机不仅能够随意向前后上下飞行，甚至还可以停在空中，这是由于直升机的"头"上有一个螺旋桨，它不停转动会使空气对机身产生一种向上的浮力。当这种浮力和地球对飞机的引力相等时，直升机就可以稳稳当当地停在空中了。

直升机因为有许多其他飞行器难以办到或不可能办到的优势，受到广泛应用。直升机由于可以垂直起飞降落不用大面积机场，主要用于观光旅游、火灾救援、海上急救、缉私缉毒、消防、商务运输、通信以及喷洒农药杀虫剂消灭害虫、探测资源等各个方面。

 # 坦克为什么要用履带行驶？

你知道吗

我们平常所看到和使用的交通工具，都是以轮子作为运转工具的，因为圆形的轮子能够承担很大的重量，而且能够滚动，所以它们能载动很重的东西行驶。可是，我们看到的坦克外形很独特，它是用一种很宽的叫做履带的东西来行驶的，这是为什么呢?

坦克

科学原理

采用履带行走，就像给坦克铺了一道无限延长的轨道一样，使它能够平稳、迅速、安全地通过各种复杂路况。由于接地面积大，所以增大了坦克在松软、泥泞路面上的通过能力，降低了下陷量。由于履带板上有花纹并能安装履刺，所以在雨、雪、冰或上坡等路面上能牢牢地抓住地面，不会滑转。由于履带接地长度达4~6米，诱导轮中心位置较高，所以通过壕沟、垂壁的能力较强，一般坦克的越壕宽度可达2~3米，可通过1米高的垂直墙。而轮式车辆主要是为了在平坦的公路上行驶，在战场上没有平坦的道路，只有各式各样的路况，因此坦克要采用履带式而不用轮式。

延伸阅读

为什么坦克在颠簸中还能打得准?

坦克虽然具有高超的越野性能，但是，车体在行驶中也是非常颠簸的。这样一来，坦克上的火炮要想击中目标，就好比跑马射箭，实在不容易。为了解决这个问题，新型坦克都装有火炮双向稳定器，可保证坦克车体在颠簸中仍能准确地击中目标。

火炮双向稳定器由传感器和执行机构组成，能在运动中将火炮和机枪自动稳定在原来给定的方向角和高低角上，以保证火炮不受车体震动和转向的影响。当计算机给定火炮射击高低角后，高低向稳定器就将炮管稳定在给定位置上。然而坦克在运动中会随地形的起伏发生颠簸震动，炮管也会随车体上仰下俯，高低角发生变化。此时高低向稳定器中的陀螺传感器立刻感受到了炮管高低角发生了变化，于是将感受到的变化量转换成电信号，经放大后通过执行机构对火炮加上修正力，使之迅速恢复到原定位置。此时传感器便没有信号输出，修正力也随之消失，炮管不再转动。如果车体在避开障碍物时发生转向，则方向稳定器也会把感受器感受到的变化量变成电信号输出放大，通过执行机构给炮管加上方向修正力。这样，尽管车体可能是尾朝前、头朝后，但炮管始终指向目标方向，从而提高了坦克在运动中的射击精度和首发命中率。

 # 轮船有方向盘吗？

你知道吗

我们看到司机在开车的时候会通过转动手中的方向盘来控制汽车的走向，让汽车直行或转弯，那么你见过轮船的方向盘吗？

轮船的舵盘

科学原理

　　轮船也需要有方向盘，只不过轮船的方向盘称为舵。舵是一种用来改变或保持轮船航行方向的设备，它由舵叶和舵杆组成。轮船在航行时，水流会在舵叶上产生横向的作用力，根据需要的航向转动舵叶，水的反作用力会让船尾转动，相应使船头向相反的方向转动，这样就能达到所需航向。根据需要，有的船舶将舵设置在船尾螺旋桨的前面或后面，也有的在船首加装首舵，以改善倒航的操纵性能。

延伸阅读

你了解航海技术中的标准舵令吗？

　　左满舵，即向左打舵，打满 90 度。相当把车的方向盘向左打到底，实际上是控制舰艇的方向，舵角越大转方向的速度越快，满舵就是最大的舵角。右满舵同理，向右打舵打满打底，舰艇会大幅度大速度向右转向。

左进二、右进三，还有左退一、右退二，都是车令，控制舰艇速度的。艇艇一般有两个动力系统，即左、右的含义。二、三这些数字，是挡位，数字越大，前进或后退的速度越快。左进二，就是左边的动力系统放在前进二挡。

至于满舵左、右车进二，是回令。上面的口令，都是舰长发出的。因为船上很吵，所以操作兵（操舵兵、操车兵）要复述口令、回令。程序是：舰长喊"左满舵"，操舵兵复述"左满舵"；待舵已经转到位时（无论车还是舵，从发出口令到调整到位，都需要时间，跟汽车不一样，反应慢），再回令"满舵左"。